BUNRI'S

レディー&ジェントルマン・エリート教育

西武学園文理高等学校

《平成23年度主要大学合格実績》…国公立大学**103**名

東京大学3名（20年連続合格！）

京都大学2名、大阪大学（医）1名

[学校および入試説明会]

第3回 10月23日(日)
第4回 11月12日(土)
第5回 11月26日(土)
いずれも14:00〜

[エリート選抜東大クラスおよび特待生説明会]

第2回 11月12日(土)
第3回 11月26日(土)
いずれも14:00〜

[理数科説明会]

第1回 10月23日(日)
第2回 11月19日(土)
いずれも14:00〜

[英語科説明会]

第2回 11月19日(土)
14:00〜

平成24年度入学試験要項(抜粋)

募集定員	普通科290名・理数科80名・英語科80名 ※エリート選抜東大クラス(普通科所属) 約30名	
入試種別 入試区分	推薦 単願・併願	一般 単願・併願
定　員	各科定員の約95%	各科定員の約5%
試験日	1/22(日)・23(月)・24(火)	1/24(火)
学科試験	国語・数学・英語	
面　接	単願受験生・海外帰国受験生	
発表日	1月30日(月)	
手続締切日	単願：2月3日(金) 併願：併願発表日の翌日(公立・都立・国立・私立)	

〒350-1336　埼玉県狭山市柏原新田311-1　☎04(2954)4080(代)　http://www.bunri-s.ed.jp/

◇スクールバス「西武文理」行き終点下車
西武新宿線「新狭山駅」北口(約8分)
JR埼京線・東武東上線「川越駅」西口(約20分)
JR八高線・西武池袋線「東飯能駅」東口(約25分)
西武池袋線「稲荷山公園駅」(約20分)
東武東上線「鶴ヶ島駅」西口(約20分)

◇西武バス「西武柏原ニュータウン」下車
西武新宿線「狭山市駅」西口下車「西武柏原ニュータウン」行き(約15分)
西武新宿線「新狭山駅」北口下車
「笠幡折返し場(西武柏原ニュータウン経由)」行き(約10分)
JR川越線「笠幡駅」下車
「新狭山駅北口(西武柏原ニュータウン経由)」行き(約13分)

Success15 fifteen

サクセス15　November 2011
http://success.waseda-ac.net/

CONTENTS

歴史と文化の千代田区九段で、未来を見つける。

NISHOGAKUSHA HIGH SCHOOL

NISHOGAKUSHA

十年後の自分のために。

入試説明会・学校見学会

入試説明会、参観可能な行事（全て予約不要）

	日　程	時　間	学校見学	個別相談
入試説明会 会場　二松學舍大学 中洲記念講堂 （高校向かい）	10月 8日(土)	14:00～15:30	○	○
	10月15日(土)	14:00～15:30	○	○
	11月19日(土)	14:00～15:30	○	○
	11月25日(金)	18:00～19:30	○	
	12月 4日(日)	10:00～11:30	○	○
体育大会（東京体育館）	5月 9日(月)	10:00～15:00		
二松學舍祭（文化祭）	10月 1日(土)～2日(日)	10:00～15:00	○	○
公開授業（通常の授業参観）	11月26日(土)	8:40～12:30	○	○

学校見学会（予約不要）

1学期	6月	4日(土)、11日(土)、25日(土)	開始時間　14：00
	7月	2日(土)、9日(土)、16日(土)	
夏期休業中	8月8日(月)～12日(金)、8月16日(火)～27日(土)　※日曜日は除く 開始時間　平日　10：00、14：00 土曜　10：00		
2学期	9月	3日(土)、10日(土)、17日(土)、24日(土)	開始時間　14：00
	10月	22日(土)、29日(土)	
	11月	5日(土)、12日(土)	
	12月	10日(土)、17日(土)	

■個別相談会…生徒・保護者を対象に、主に推薦・併願優遇に関する相談会（予約不要）/12月24日(土)・25日(日) 9：00～15：00 ※成績表（1～3年）・会場模試成績票等をお持ちくださ

■中学校教員対象入試説明会（要予約）/10月13日(木) 16：00～17：00

■塾対象入試説明会(要予約) /6月17日(金) 10：30～11：30　10月13日(木) 10：30～11：30

二松學舍大学附属高等学校

〒102-0074 東京都千代田区九段南 2-1-32　TEL: 03-3261-9288　FAX: 03-3261-9280

http://www.nishogakusha-highschool.ac.jp/

苦手克服道場リターンズ

図形問題をやっつけよう!

過去問から学ぶ必勝法

数学の問題のなかでも、図形問題が苦手という人は多いんじゃないかな? 三角形や円、証明、作図、そして立体と、やることがものすごく多いように感じるかもしれない。でも、ポイントを押さえて図形をよく見れば、どんな問題もちゃんと解けるようになる。2011年の過去問を使って、実際に問題にチャレンジしてみよう!

初めに、図形問題全般にいえるポイントをあげておこう!

❶自分で図をかく

1番のポイントは、図を自分でかくことだ。「図形問題」というからには、なんといっても「図」が重要。問題用紙に与えられた図は小さすぎることが多く、そこに条件をかきこんでいくと、よけいにわかりづらくなってしまう。大きな図を自分でかいてみることを徹底しよう。

❷図形の性質を考える

まず、問題となっている図形にどんな性質があるか考えてみよう。図形の性質を利用して、少しずつ解答に近づけていくんだ。いきなり解答を求めようとしてもうまくいかないよ。

❸補助線を活用する

与えられた図に補助線を引くことで、大きなヒントになる場合がある。具体的な補助線の例は、以下のようなものだ。

1)頂点と頂点を結ぶ
2)垂線を引く
3)平行線を引く
4)線分を延長する
5)対称点をとる

補助線は、それぞれの問題ごとに異なった視点で引かれるものだが、日常の学習のなかで、自分なりの補助線を引くパターンを整理しておくといいよ。

登場人物紹介

数学は苦手…。
とくに図形の問題は
いつも苦戦するから
不安だなぁ。
数学はけっこう得意。
図形も好きだよ!
今日もがんばるぞ〜!

英作《えいさく》くん
中学3年生。好きな教科は英語。文化祭がさかんな高校が第一志望。

師範代
道場で数学の指導をしている。図形をどう見れば答えを導けるか、わかりやすくヒントを与えてくれる。

文香《ふみか》ちゃん
中学3年生。好きな教科は理科。高校に入ったらテニス部に入ると決めている。

そうか、図は自分で別にかいてしまえばいいんですね! 問題文の横にある図にかき込むと、いつもぐちゃぐちゃになっちゃうんだ。

図形のなかに1本線を引いただけですごくわかりやすくなることってあるわよね。どんなときにどんな補助線を引くか、勉強しながら整理してみる!

図形問題は、ちょっとしたきっかけで解きやすくなることがあるんだ。補助線を引いてみたり、図形の性質をじっくり考えたりして、あきらめずになんでもやってみよう!

2人は、図形問題を解くときにどんなことで困っているかな?

私は、作図の問題が、うまくできないことがあります…。

ぼくは証明の問題がいつも途中でわからなくなってしまいます。

作図問題は、とくに公立高校で頻出だね。スムーズに解くためには、普段から図をかく習慣をつけておくことが大切だ。そして、学校や塾での授業中に、先生が作図する手順をよーく見ておくんだ。図をかく順序や留意点がよくわかるよ。

証明も多くの学校で出題されるね。証明は流れが大切。**「仮定」**・**「結論」**・**「証明」**という展開のなかで、**「仮定」**や**「結論」**の部分を明確にしておくことが重要だよ。図形の性質や定理を適切に用いて、飛躍がないように順序立てて説明していくようにしよう。証明問題は、比較的高い配点になっていることが多いね。記述式になっている場合は、完全な正解でなくても、解答内容に応じた**部分点**がつけられるのが普通だ。証明問題を苦手とする受験生は多いんだけど、せっかく部分点がもらえるかもしれないのに手をつけなかったらもったいないよ。完璧でなくてもいいので、できるところまでチャレンジしようという気持ちが大切だ。

わかりました。
授業中も注意してみます!

Point　作図問題対策

★普段から図を自分でかくようにしよう
★先生が図をかく様子を注意深く見ておこう

Point　証明問題

★「仮定」や「結論」の部分を重視しよう
★途中まででもいいので、必ずなにか書こう

ところで、証明が苦手という英作くんは、三角形の相似に関する問題が苦手なんじゃない?

あ、そうです! どの三角形が相似なのか、うまく見つけられないことが多くて…。

やっぱりね。証明の問題は、三角形の相似に関するものが多いし、証明以外の問題でも、三角形の相似を利用して解く問題はとても多いんだ。三角形の相似条件は、ちゃんと覚えているかな? 復習しておこう。

三角形の相似条件
❶3組の辺の比が等しい
❷2組の辺の比と、その間の角が等しい
❸2組の角がそれぞれ等しい

このなかでもよく使うのが、「❸2組の角がそれぞれ等しい」。図のなかで等しい角には同じマークをつけるなどして、視覚的にわかりやすくするのがオススメだ。

Point　相似な三角形

★図のなかで等しい角にはマークをつけてみよう!

さて、図形問題のなかには、立体の問題もあるね。苦手だと思う人も多いかもしれない。でも、立体図形は基本的に平面図形の延長で、考え方は同じだ。設問の条件にそって図をかき、視覚的にとらえやすくしていこう。

ぼくは、立体を切断する問題がいつもできないんです。

先生、図形問題でどうしても行き詰まってしまったときは、どうしたらいいですか?

立体を切断した切り口や、切断した立体の体積を問われるタイプの問題はよく見られる。そういう問題のポイントは、見取り図だけで問題を解こうとしないことだ。見取り図ではななめになっている部分など、わかりにくいところは、平面図形として取り出して別の図をかいてみよう。

そういうときは、ちょっと見方を変えてみるといいよ。オススメなのは、図形をかいた紙ごと回転させて、向きを変えてみることだ。そうすると、さっきまでは見えなかった図形が見えてくることもある。また、思い切って図を最初からかき直してしまうというのも1つの方法だ。図形をかいていく手順のなかで、新しい発見ができることもある。

Point　立体図形

★立体のなかから、平面図形を取り出して考えよう

Point　どうしてもダメなとき!

★図形をかいた紙を回して向きを変えてよく見てみよう
★図形を一から書き直してみよう

よーし! 次のページからは、実際の入試問題に挑戦だ!!

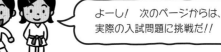

Question!!

問題

点Oを中心とし，半径 6 ㎝，中心角 30° のおうぎ形 OAB があります。線分 OB 上の点 C を中心とし，点 B を通る半円が線分 OA と接しています。このとき，斜線部分の面積を求めなさい。　（豊島岡女子学園）

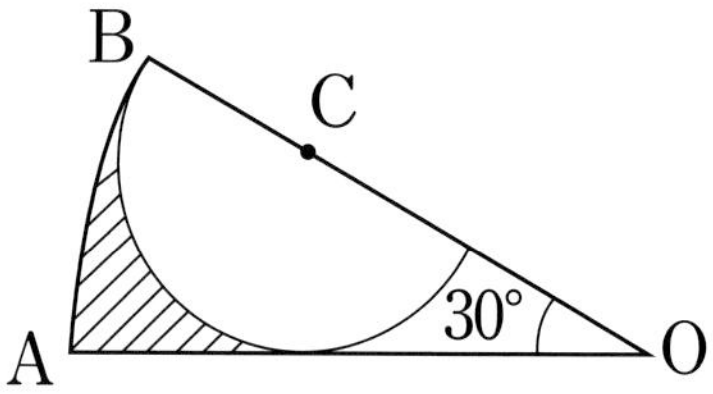

Answer

解説

えーと、まずは、CからAOに垂線となる補助線を引いてみました。この垂線とAOの交点をHとすると、CHは、点Cを中心とする円の半径と同じです。これで、点Oを中心とするおうぎ形から、△OCHの面積と、おうぎ形CBHの面積を引けばいいんじゃないでしょうか!?

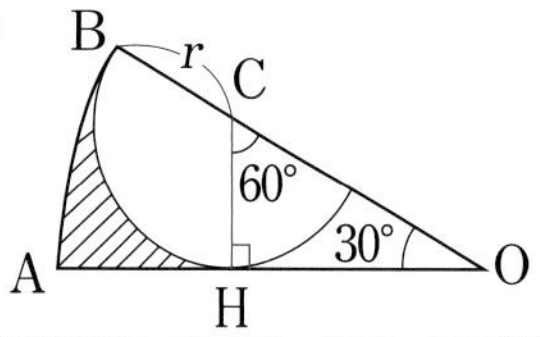

いい調子だね。補助線を引いたことでスムーズに考えを進めていけるね。方針もそれで完璧だ。次はどうする?

△CHOで三平方の定理を使えば、うまくいくかな…?
半円の半径をrとするとCH＝BC＝rになります。
ここで △CHOに三平方の定理を使うと、
CO＝$2r$, HO＝$\sqrt{3}r$と表せます。
さらに、BO＝BC＋COなので、BO＝$r+2r=3r$です。
BOは6㎝なので、$r=2$とわかります!
これで面積を求めることができます! 面積は、
おうぎ形OAB－(おうぎ形CBH＋△OCH)なので、
$6\times6\times\pi\times\frac{30}{360}-(2\times2\times\pi\times\frac{120}{360}+2\sqrt{3}\times2\times\frac{1}{2})=\frac{5}{3}\pi-2\sqrt{3}$

答えは、$\frac{5}{3}\pi-2\sqrt{3}$㎠です!

Question!!

問題

右の図において，影をつけた四角形はすべて正方形であり，影をつけていない三角形はすべて直角三角形である。影をつけた正方形の面積の和を求めなさい。　（市川）

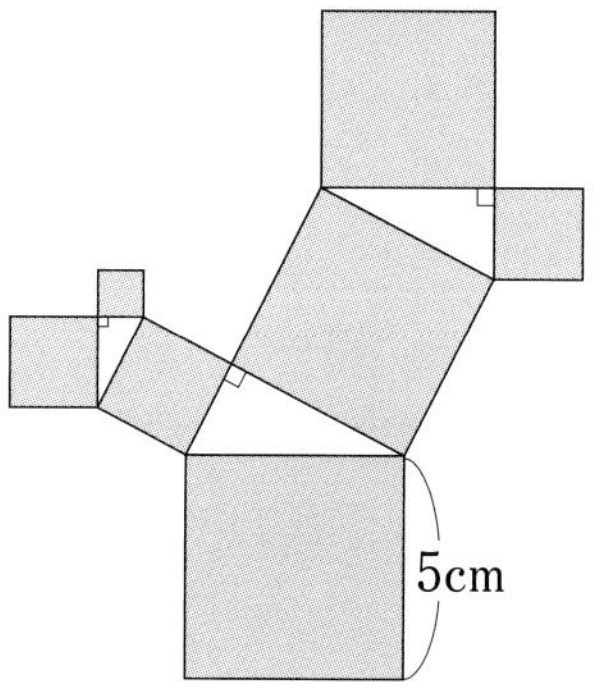

Answer

解説

もう1問やってみよう。図がややこしく感じられるけれど、そんなに難しくないよ。この問題のようにたくさんの図が出てきたら、記号をつけて整理して考えよう。解決策を見つけやすくなるよ。じゃあ文香ちゃん、やってみて。

では、図のように、正方形のそれぞれの一辺をa～fとおいてみます。
正方形のすき間に直角三角形があるので、三平方の定理を使って整理すればいいんじゃないかしら。三平方の定理を使うと、
$a^2+b^2=5^2$, $c^2+d^2=a^2$, $e^2+f^2=b^2$となります。
よって求める面積は$5^2+a^2+b^2+c^2+d^2+e^2+f^2$と表せます。
この式を整理すると、
$5^2+(a^2+b^2)+(c^2+d^2)+(e^2+f^2)=5^2+(a^2+b^2)+(a^2+b^2)$
$=5^2+5^2+5^2=75$

答えは、75㎠です!

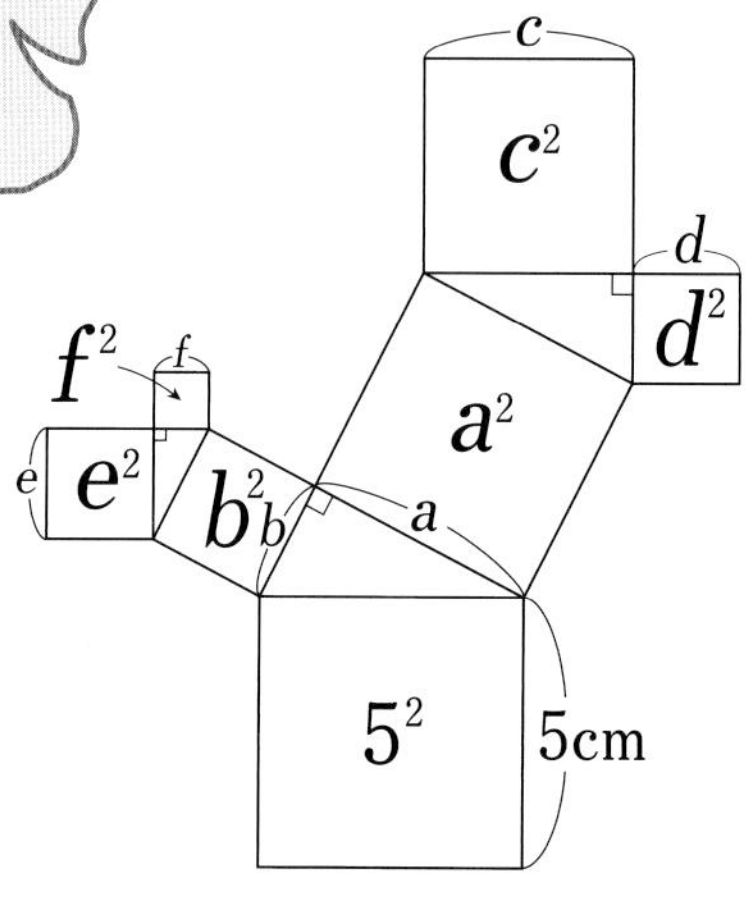

Question!!

問題

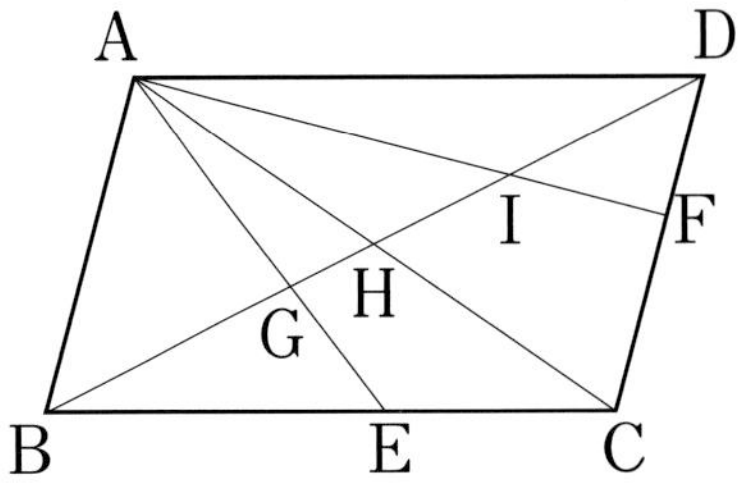

図のような平行四辺形 ABCD について，辺 BC，辺 CD をそれぞれ 3：2 に分ける点を E，F とする。また，線分AE，対角線AC、線分AF が対角線 BD と交わる点をそれぞれ G，H，I とする。次の問いに答えよ。

（1）線分 GH の長さと線分 HI の長さの比を求めよ。

（2）△BAG の面積と△BEG の面積の比を求めよ。

（3）四角形 GECH の面積と平行四辺形 ABCD の面積の比を求めよ。

（立教新座）

Answer

解説

(1)

今度は平行四辺形の問題だ。基本的な問題だけど、さっきよりもちょっと難しくなるよ。相似をしっかりととらえていくのがポイントだ。英作くん、わかるかな?

えーと、△GBEと△GDAは相似なので、BG:GD＝BE:AD＝3:5になります。よって、BG＝$\frac{3}{8}$BDと表せます。それから、HはBDの中点なので、HD＝$\frac{1}{2}$BDです。

GHの長さは、BD－HD－BGで表すことができるので、

GH＝BD－$\frac{1}{2}$BD－$\frac{3}{8}$BD＝$\frac{1}{8}$BDになります。

次は△IABと△IFDに注目して、同じようにHIも、BDを使って表せばいいんじゃないでしょうか。

AB:DF＝BI:ID＝5:2となるので、BI＝$\frac{5}{7}$BDと表せます。

HI＝BI－BH＝$\frac{5}{7}$BD－$\frac{1}{2}$BD＝$\frac{3}{14}$BD

よって、GH:HI＝$\frac{1}{8}$BD:$\frac{3}{14}$BD＝$\frac{1}{8}$:$\frac{3}{14}$＝7:12

答えは、7:12になりました!

(2)

さあ、次の問題だ。この問題は簡単だね。△BAGと△BEGは、高さが同じ三角形だから、底辺の比がそのまま面積の比になる。

△BAG:△BEG＝AG:GEということだ。

△GBEと△GDAは相似だったから、AG:GE＝AD:BE＝5:3

よって、**答えは5:3になるね。**

(3)

次の問題は、四角形の面積についてだ。文香ちゃん、できるかな?

やってみます。平行四辺形から、四角形GECH以外の図形をだんだん引いていけばいいと思うのですが…。

まず、四角形GECHは、△ABC－(△ABE＋△AGH)で表すことができます。

それから平行四辺形ABCD＝1とおくと、△ABCは$\frac{1}{2}$になります。

△ABEの面積は、△ABCの面積の$\frac{3}{5}$になるので、△ABE＝$\frac{1}{2}\times\frac{3}{5}$です。

△AGHも同じように表せばいいと思います。平行四辺形ABCD＝1とおくと、△ABDは$\frac{1}{2}$です。△AGHの底辺をGHとすると、(1)でGH＝$\frac{1}{8}$BDだったので、△AGHの面積は△ABDの面積の$\frac{1}{8}$になります。

よって、△AGH＝$\frac{1}{2}\times\frac{1}{8}$です。これをまとめると、

四角形GECH＝△ABC－(△ABE＋△AGH)＝$\frac{1}{2}-\left(\frac{1}{2}\times\frac{3}{5}+\frac{1}{2}\times\frac{1}{8}\right)=\frac{11}{80}$

よって、四角形GECH:平行四辺形ABCD＝$\frac{11}{80}$:1＝11:80

答えは11:80です。

うん。よくできているね! 平行四辺形のなかで比を扱う問題はよく出題されるんだ。相似や、辺をどのように分割しているかに注目すると、わかりやすくなるよ。

Question!!

問題

図のように，半径$\sqrt{2}$の円に内接する四角形 ABCD がある。$AB=\sqrt{2}$，$AD=2$，$CD=1+\sqrt{3}$ とし，対角線 AC と BD の交点を E とする。このとき，次の問いに答えなさい。

（1）∠ADB の大きさを求めなさい。

（2）BD の長さを求めなさい。

（3）AE の長さを求めなさい。　（中央大学附属）

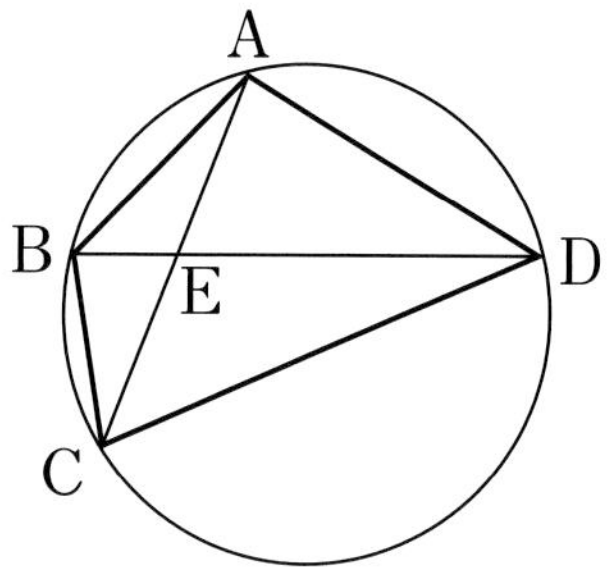

Answer

解説

(1)

次は円と三角形の融合問題だよ。(1)は文香ちゃんに解いてもらおう。

はい。円の中心をOとすると、半径$\sqrt{2}$の円なので、$OA=OB=AB=\sqrt{2}$になり、△OABは正三角形です。つまり∠AOB＝60°になります。

これは、弧ABの中心角が60°ということです。

問題となっている∠ADBは、弧ABの円周角ですから、∠AOBの半分の角度になります！

$\angle ADB=\frac{1}{2}\angle AOB=30°$

答えは30°です。

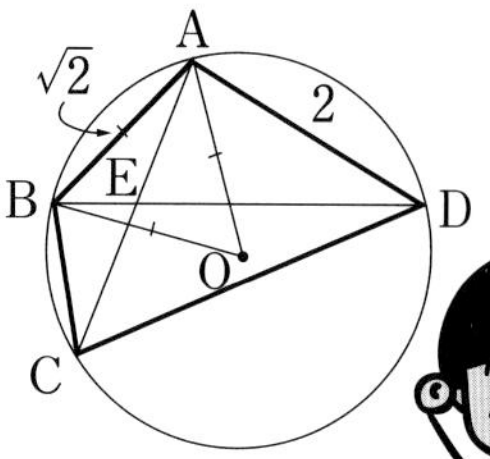

(2)

アレ…この問題は、どうしたらいいんだろう？

直角三角形もないから、三平方の定理も使えないし…


おっと、いいことに気づいているじゃないか。「直角三角形があったらな～」と思うなら、自分で作っちゃえばいいんだよ。
(1)で、∠ADBは30°だとわかったよね？
この角度は使えそうだよ。

あ、そうか！ Aから辺BDに垂線をを下ろして、垂線とBDの交点をHとします。そうすると、△ADHは∠ADH＝30°の直角三角形になるんだ！ だから、$HD=AD\times\frac{\sqrt{3}}{2}=\sqrt{3}$になります。そして、$AH=AD\times\frac{1}{2}=1$になります。
さらに、$AB=\sqrt{2}$, $AH=1$, ∠AHB＝90°ということは、△BAHは直角二等辺三角形です！
$BH=\frac{1}{\sqrt{2}}\times AB=1$になって、$BD=BH+HD=1+\sqrt{3}$
できた！ **$1+\sqrt{3}$が答えだ！**

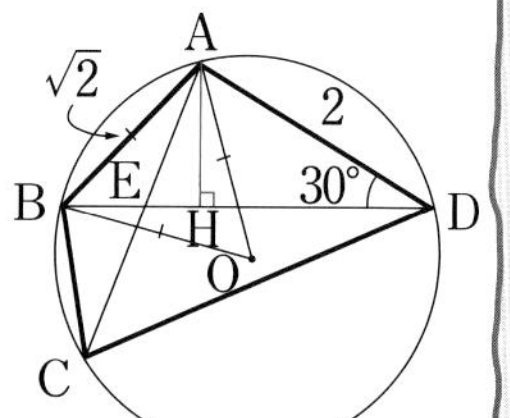

(3)

この問題はちょっと難しいぞ。AEを求めるためには、この段階では情報が少なすぎるね。わかっていない角度を埋めていくことで、徐々に近づけてみよう。文香ちゃん、やってみて。


はい！　まず(2)で、∠ABH＝45°とわかりました。

また、(1)から、∠ADB＝30°とわかっているので、三角形の内角の和が180°であることを利用して、

∠BAD＝180°－(45°＋30°)＝105°です。

ここで、円に内接する四角形の向かい合う角は足すと180°になる性質を使って、∠BCD＝180°－∠BAD＝180°－105°＝75°とわかります。あとは、CD＝BDなので、△DBCは二等辺三角形になっています。

だから、∠CBD＝∠BCD＝75°となります。


そうすると、∠AEDもわかりそうですね。∠AED＝∠BECですから、また三角形の内角の和が180°であることを利用して、

∠BEC＝∠AED＝180°－(30°＋75°)＝75°だ。

あ、∠DAEは円周角の定理から、∠CBDと等しいはずです！

∠DAEも75°です！　△AEDはAD＝ED＝2の二等辺三角形だったんですね！

EDの長さがわかったから、あとは相似を利用します。
△ABE∽△DCEより、$AB:AE=CD:ED=(1+\sqrt{3}):2$
$(1+\sqrt{3})AE=2\sqrt{2}$だから、$AE=\sqrt{6}-\sqrt{2}$。**答えは$\sqrt{6}-\sqrt{2}$です。**

証明

Question!!

問題

右の図1で，△ABC は∠BAC が鈍角で，AB<AC の三角形である。頂点Aを通り辺 AC に垂直な直線を引き，辺 BC との交点をDとする。点Eは線分 DC 上にある点で，BD＝DE である。

点Eを通り線分 DA に平行な直線を引き，辺 AC との交点をFとする。次の問に答えなさい。

〔図1〕

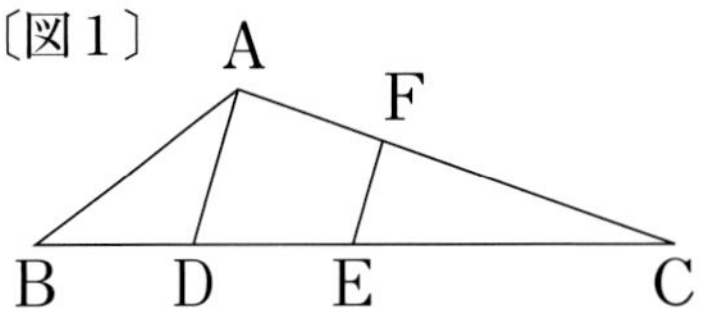

右の図2は，図1において，BD＝AD のとき，∠CEF の二等分線と辺 AC との交点をGとした場合を表している。

頂点Aと点Eを結んだ場合を考える。△ABE∽△FEG であることを証明しなさい。

（都立国立）

〔図2〕

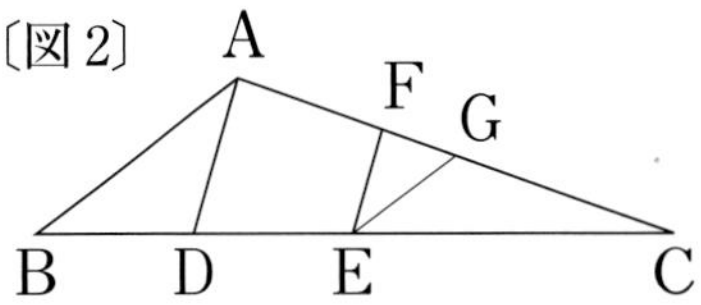

Answer

解説

この問題はいっしょに考えながら進めよう。1つ目のポイントは、△ABEのある性質を見抜くことなんだけど、わかるかな?

はい! BD＝AD＝EDになっているので、点B,A,Eは同じ円の円周上にあり、△ABEは、円に内接します。

そう、いいね。だから、円の性質を使って進めてみよう。△ABEは、点Dを中心とした円に内接しているね。ということは、BEが円の直径ということになる。なにか気づくことはないかな?

あ! 直径の円周角だから、∠BAEは直角なんじゃないですか!?

そうだ。そして、DAとEFは平行だから、∠EFGも直角。∠BAEと∠EFGは等しいことがわかったね。

じゃあ、相似条件は、「2組の辺の比と、その間の角が等しい」か、「2組の角がそれぞれ等しい」を使うことになりそうだけど、この問題は辺の長さが全然わからないから、もう1つの角が等しいことを確認すればいいのかな。

そうよね。残っている角のうち、∠FEGは、∠CEFの二等分だわ。この条件を使えば、∠ABE＝∠FEGを証明できるんじゃないかしら。

なかなかいいね。では、11ページのポイントにもあったように、等しい角には同じマークをつけてみようか。

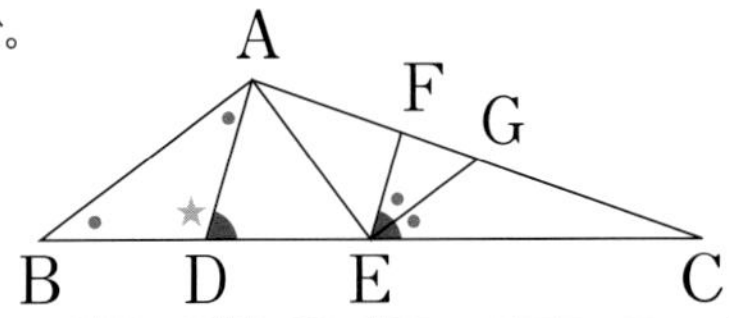

まず、DAとEFは平行なので、∠ADE＝∠FEC(▲)です。

えーと、△DABは二等辺三角形だから、∠ABD＝∠BAD(●)で……、あ! ∠ABD＋∠BAD(●2つぶん)は、∠ADE(▲)と同じですね!

え!? なんで? なんで!?

三角形の内角の和は180°になるでしょ? だから、180°から∠ABD＋∠BAD(●2つぶん)を引くと、∠ADB(★)になるわよね。さらに、辺BE、つまり180°から∠ADE(▲)をひいても∠ADB(★)になるわ。だから∠ABD＋∠BAD(●2つぶん)＝∠ADE(▲)よ!

そうか! そうしたら、∠FECを二等分した角である∠FEGは、∠ABE(●)と等しいんだ!

2人ともばっちりだよ。以上のことをきちんとまとめると、以下のようになる。

△ABEにおいて、BD＝AD＝EDより、A、B、Eは点Dを中心とする円周上にある。
∠BAE＝90°、DA//EF、∠DAF＝90°より、∠EFG＝90°
よって∠BAE＝∠EFG……①
さらに、DA＝DBより△DABは二等辺三角形で∠ADE＝∠ABD＋∠BAD＝2∠ABD、
また、∠ADE＝∠FEC＝2∠FEG
∠ABE＝∠FEG……②
よって①、②より△ABEと△FEGは2角が等しいので、△ABE∽△FEG

Question!!
問題

異なる２点A，Bを通る円のうち，$\overset{\frown}{AB}$に対する円周角が60°となる円を１つ，右図に示した点Aと点Bをもとにして，定規とコンパスを用いて作図せよ。

ただし，作図に用いた線は消さないでおくこと。（都立立川）

Answer
解説

円周角が60°か。それなら、まずは正三角形を作ればいいのかな？

そうだね。英作くん、やってみてくれるかな。

はい。まず、点Aと点Bを結びます。コンパスを線分ABの長さに合わせて、点A・点Bそれぞれから印をつけます。その印の交わったところを点Cとして、点A・点Bと結べば、正三角形ができます。

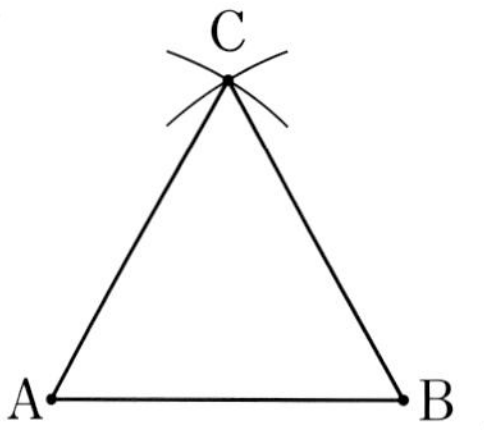

OK。ここまでは簡単だね。じゃあこの次、文香ちゃん、どうする？

このあと円をかくから、中心を決めなきゃ…。でも…どうしたらいいの!?

うん、中心を決めなくちゃね。でも、このままでは決められない。そんなときは、いま作った正三角形とこのあとかく円はどんな関係になるか、考えてみよう。

うーん、点Aも点Bも点Cも、同じ円の円周上にのります。

そうだね。ということは、この正三角形の「外接円の中心」を見つければいいということになる。

あ、そうか、外心だ！ それぞれの辺の垂直二等分線の交わるところが外心です！

そう！ 垂直二等分線の作図方法はわかっているかな？ 復習しておこう。

垂直二等分線のかき方

ある線分PQの垂直二等分線をかくには

①コンパスで、線分PQの半分よりも長い幅を取り、点Pを中心に半円をかく

②コンパスの幅を変えずに、点Qを中心に半円をかく

③半円が交わった2点を定規で結ぶ

以上のやり方で、辺ABと辺ACの垂直二等分線を作図して、2本の垂直二等分線が交わった点をOとすると、以下のようになる。

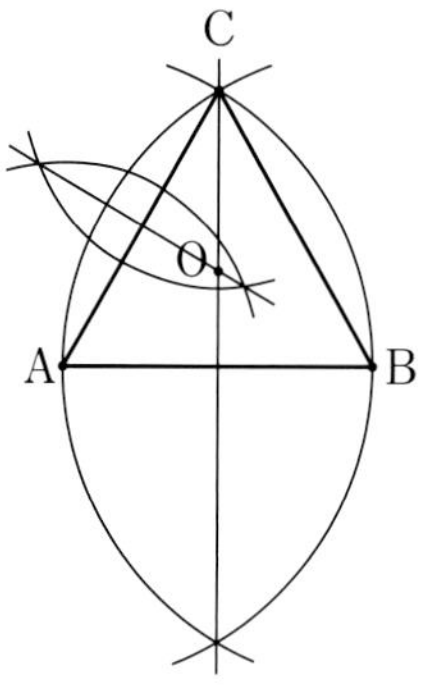

これで、OCを半径とする円をかけば完成だ。

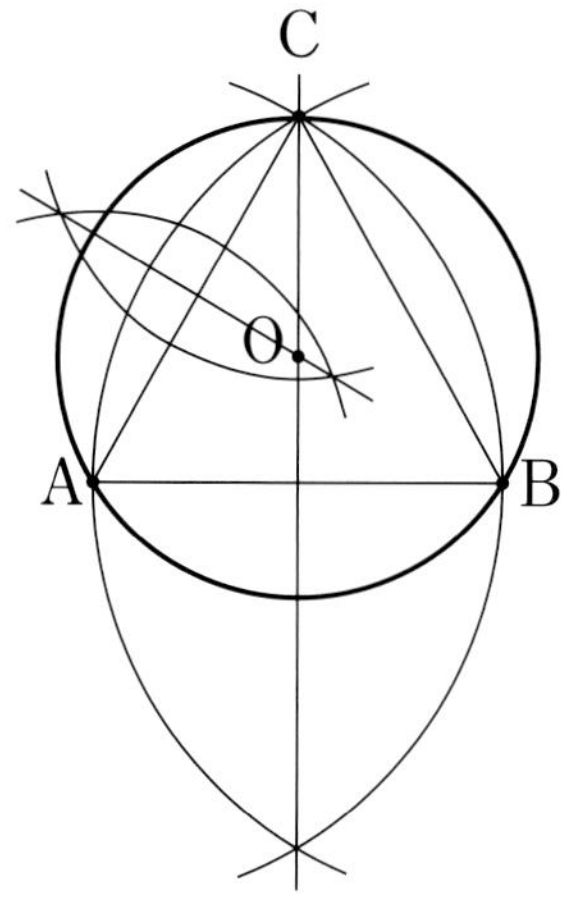

（注）点Cおよび点Oは解説の便宜のため記したものなので、記入しなくてかまいません。

ちなみに内接円の中心である「内心」は、角の二等分線が交わった点になるよ。正三角形の場合は、たまたま外心も内心も一致するんだ。

Question!!

問題

1辺の長さが12の立方体ABCD－EFGHがある。辺AB, EF, GH上に点P, Q, Rをとり，AP＝3，FQ＝3，GR＝9となるようにする。さらに，この立方体を，3点P, Q, Rを通る平面で切ったとき，この平面は辺AD，DHとそれぞれ点S，Tで，直線AE，EHとそれぞれ点U，Vで交わった。このとき，次の問いに答えなさい。

〔問1〕線分HVの長さを求めなさい。

〔問2〕線分ASの長さを求めなさい。

〔問3〕四面体U－EQVの体積を求めなさい。

〔問4〕立方体ABCD－EFGHを，3点P, Q, Rを通る平面で切ったときにできる立体のうち，点Eを含む側の体積を求めなさい。（法政大学第二）

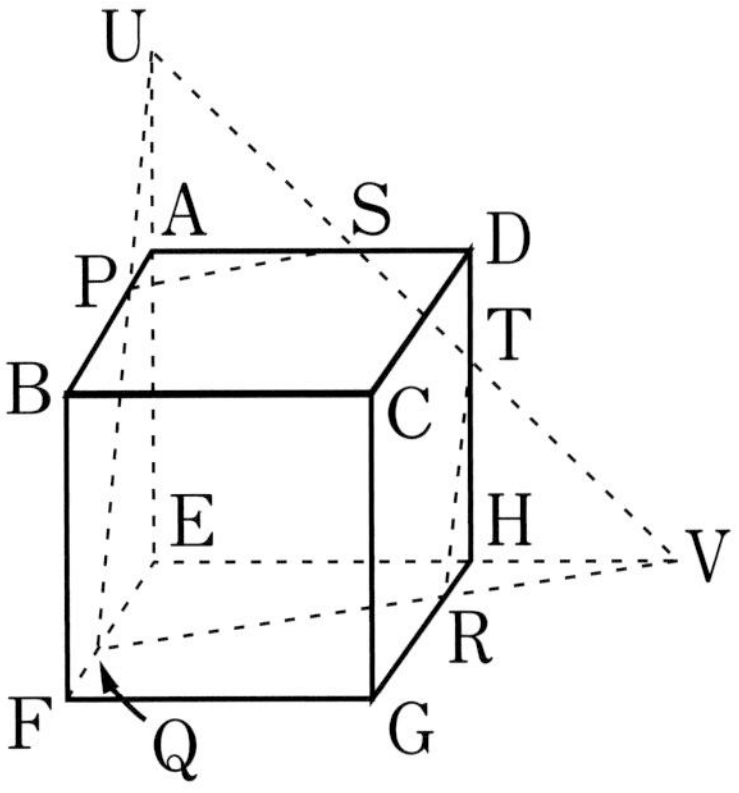

Answer

解説

〔問1〕

さあ、最後は立体の問題だよ。問1は、英作くん、やってみようか。

△VEQに注目すると、相似が見えてきました！ ちょっと見にくいから、ポイントにあったように書き出してみようかな。
図のように、△VHR ∽△VEQよりHV:HR＝EV:EQになります。
HR＝3,EQ＝9で、HVの長さはわからないので、aとおきます。そうすると、$a:3=(a+12):9$
$9a=3(a+12)$となりますから、$a=6$
HVの長さは6です！

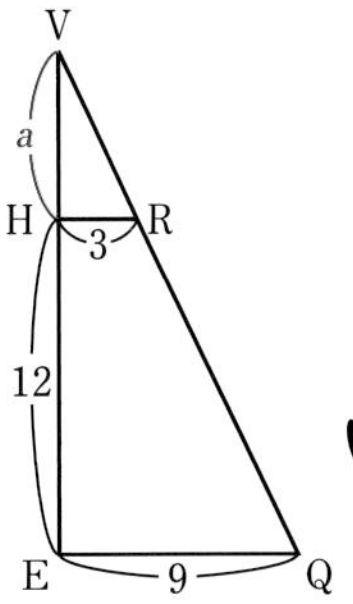

〔問2〕

EV＝EUになることに気づけば簡単だ。△UEV、△UAS、△THVは、どれも直角二等辺三角形になる。AS,AU,HVはどれも等しくなるはずだから、HV＝AS＝6　**答えは6だ。**

〔問3〕

あ！ この問題は、△UEVを底面としてとらえれば、すごく簡単なんじゃないかしら。
四面体U－EQV＝△UEV×EQ×$\frac{1}{3}$という計算になるわ。
△UEV＝18×18×$\frac{1}{2}$で、EQ＝9になるから、
四面体U－EQV＝18×18×$\frac{1}{2}$×9×$\frac{1}{3}$＝**486　これが答えだわ。**

〔問4〕

わー！ ぼくはこういう問題すごく苦手なんだよね。切り口の形がすごくヘンだし、どうしたらいいんだろう。

英作くん落ち着いて。この問題はじつは簡単だ。問3で体積を求めた四面体U－EQVをよーく見てごらん。いまから求める立体は、四面体U－EQVに含まれているよね!?

あっ本当だ！ 立方体からはみ出ている小さい三角すいを2つ引いたら、問われている立体になる！ しかもこの2つの三角すいって、体積は同じです!! ということは、問3で求めた四面体の体積から、三角すいV-RHTの2倍を引いたものが求める立体の体積だ。
486－{(6×6×$\frac{1}{2}$)×3×$\frac{1}{3}$}×2＝450
正解は450だ！

わかるところから、角度や長さを埋めていけばだんだん正解に近づくってわかりました！

うん。苦手だった証明も、図形に情報をかき込んでいくことで、わかりやすくなるんですね！

図形の性質をよく理解して考えれば、入試問題にもバッチリ対応できるんだ。あとは練習あるのみだ！ 受験生のみんなもがんばってね！

The University of Tokyo Vol.009

text by Tommy

東大への近道

未来の自分の姿を具体的に想像しよう

こんにちは。東大は10月から後期の授業が始まり、紅葉の気配が感じられる本郷キャンパスは、学生と観光客の方でにぎわっています。

突然ですが、みなさんの将来の夢はなんでしょうか？　現段階で自分の夢を明確にしている人は案外少ないかもしれませんね。じつは私も子どものころから将来の夢が決まらず、学校で将来の夢を聞かれるといつも困っていました。

私を含めて学生の目から見ることのできる世界は、この世界のごく一部に過ぎないでしょう。世の中には私たちが思いつかないような仕事や生活があるなかで、自分の何十年後かの姿を想像するのは難しいですよね。

大切なことは、近い将来、例えば高校生になった自分の姿を具体的にイメージして、その理想に近づく努力をいまからしていくことです。どんなに大きな夢も、日々の小さな努力の延長線上にあるものだからです。

とくに受験生のみなさんは、秋以降になると、偏差値や模擬試験の結果ばかりに左右され、自分が理想としていた進路選択ができなくなってしまいがちです。数字や結果ばかりでなく、ときには将来のイメージを考えてみることで心に余裕が生まれると思います。

では、どうしたら近い将来の自分を具体的にイメージできるでしょうか。私は2つの提案をします。

1つ目は志望校や興味のある高校を見学に行くことです。勉強の時間がもったいないからといって高校見学や説明会に参加しない人も見かけますが、私はぜひ見学に行くことをおすすめします。自分の足で通学路や校内を歩き、その高校の雰囲気を肌で感じることで、自分がそこで生活する姿が浮かびあがってくると思います。

じつは大学生も、就職するにあたって会社の雰囲気を感じるために、インターンという短期の仕事体験をすることがあります。実際の職場でさまざまな人と交流することで、自分がその環境に合うかどうかを感じられる大切な機会になるのです。

もう1つは、身近な先輩や大人から、高校生活についての話を聞くことです。例えば部活動の先輩に高校でどんな生活をしているのか聞いてみてください。勉強、部活、趣味、恋愛など、おそらく生きいきとした楽しい生活が伝わってくると思います。こうしたイメージが具体化されればされるほど、勉強に対するモチベーションも高まり、「なぜ自分はいま勉強するのか」という気持ちの強さが生まれるのです。

また、大人のかたと話す機会も重要です。私たちよりも多くの経験を重ねた大人の見方や考えは、やはり勉強になるところが大きいと思います。大人がすべて正しいとは言えませんが、できる限りいろいろな人からさまざまな経験を聞くことで、自分が将来を考えるための視野が広がると思います。

気をつけてほしいことは、イメージにこだわりすぎないことです。夢を強く持つことは大事ですが、思い通りにならないときもあります。私の経験でお話しすれば、自分の思い通りにならなかったときほど、悔しさをバネにして成長できたと思います。最後に夢をかなえる人は、夢を諦めず、かつ、いつでも前向きに考える人なのでしょうね。

心理学を学ぶ大学生に聞く
集中力アップ法

2学期もなかばにさしかかり、受験生にとっては気の抜けない大事な時期を迎えました。「勉強、頑張らなくちゃ…」と思っても、どうも集中力が続かなくて気持ちばかりが焦っていませんか？　じつは勉強への集中力を維持するには、いろいろコツがあるんです。今回は、そういった集中力アップの経験談を心理学科で学ぶ大学生の先輩に聞きました！　先輩の意見を参考にして、自分に合った方法を探してみてください！

＼ interview!! ／

答えが出ないことを考えるのが好きで心理学科を選びました。覚えることもたくさんあるのですが、究極的に考えると心理学は考えたことが答えになるのでとてもおもしろいです。将来は心理に関する仕事をしたいと思っています。そして、仕事をリタイアする前に、森のなかに小さいカフェを作って、そこでお客さんと話をするのが夢ですね。

日本女子大学
人間社会学部心理学科4年
谷《たに》 知《ち》尋《ひろ》さん

人の話を聞くのが好きで、高校で合唱部の部長をしていたときに、後輩の相談を受けたりトラブルを解決しないといけないことなどがあって、「もっとうまくアドバイスできないかな」と思いカウンセラー的なことに興味を持ったことが進学のきっかけです。将来は臨床心理士になりたいです。なかなか働く場が少なくて大変ですが、資格を取って頑張りたいと思っています。

上智大学
総合人間科学部心理学科3年
平《ひら》澤《さわ》 郁《いく》美《み》さん

遊ぶときは思いっきり遊びます。そうすると、その後勉強に集中できます。

日本女子大学4年　谷《たに》 知尋《ちひろ》さん

心理学部に通う大学生の先輩に、睡眠・食事・リラックス法など、集中して勉強するための7つの質問に答えてもらいました。

【Q1】勉強に集中したいときにやっていたことは？

【谷さん】明日から勉強すると決めたら、「これ以上遊ばなくていいや」と悔いがないくらい遊んで満足してから、すっきりして勉強に取り組んでいました。そうするとやる気が出ていました。

【平澤さん】私は朝早く起きて勉強していました。みんな夜に勉強するので、それじゃ普通だなと。たいてい夜は疲れていて集中力もなかったので、早く寝て朝3時に起きて勉強していました。その時間はおもしろいテレビ番組もないし、朝早いとうるさくすることもできないので勉強に集中できました。朝の方が頭がすっきりして勉強がはかどりましたね。また、「こんな早朝に勉強するなんてすごい！」と自分で思い込んで頑張っていました。早く寝て早く起きることで勉強せざるをえない状況を作るようにしていました。

【Q2】試験当日の緊張をやわらげる方法は？

【谷さん】試験当日は、朝から自分が一番テンションがあがる音楽を、試験官が教室に入ってくるまで聴いていました。当日は勉強しませんでした。試験の前日までに悔いがないくらい勉強していれば、たとえ試験の結果が悪くても落ち込むことはないです。いままでの部活などで、一番集中したり、活躍した場面などを思い出すのもいいかもしれません。

【平澤さん】緊張しているときは、自分に自信がないときだと思います。初めて受験した学校は、とても緊張してしまい不合格でした。次に受験した本命校は2校目で入試本番の雰囲気にも慣れたし、試験科目も自信があったので、「楽しもう」というくらいの緊張感でやれて、合格しました。自分に余裕があるときはほどよい緊張で実力を発揮できると思います。

【Q3】ストレス解消法やリラックス法を教えてください。

【谷さん】私はパン作りをして生地をこねることがストレス解消になっていました。また、1人でカラオケに行ったり、早く寝たり、天気のいい日に散歩をしていました。ほかにも、好きな香りの香水があって、その匂いを嗅《か》いだり、なにも考えずゆっくり足湯をしたりしてリラックスしていました。

【平澤さん】食べることでリラックスしていましたね。「ここまでやったらお菓子を食べる」と決めて勉強していました。お菓子に限らず、食べたいものを母親に言って、「今日はオムライスだから頑張ろう」と思って勉強していました。また、テレビを見ることでもリラックスできていました。

【Q4】食事と集中力に関係

日本女子大学 人間社会学部心理学科4年
谷 知尋さん
東京都出身。
趣味は服作りとパン作り。特技はバイオリン。
好きな言葉は「為せば成る 為させねば成らぬ何事も」「なんとかなる」

毎朝3時に起きて勉強していました。朝は静かでとても集中できます。

上智大学3年　平澤《ひらさわ》　郁美《いくみ》さん

上智大学 総合人間科学部心理学科3年
平澤 郁美さん

東京都出身。
趣味は音楽鑑賞・歌うこと。
特技はヨーヨー釣りと金魚すくい。
好きな言葉「ワン・フォー・オール オール・フォー・ワン」

はあるんでしょうか?

【谷さん】内臓の機能を支配する自律神経には、運動などを司る交感神経と、身体を休めたり栄養を吸収する作用のある副交感神経があります。食事をすると副交感神経が働くので脳もリラックスして眠くなります。ですから、食事で摂った栄養が活性化し交換神経が働き始めるときに試験を受けられるよう、当日は試験開始の3時間くらい前に朝食を食べるようにして試験に臨むのがベストです。

　私はいつも朝はしっかり食べて、昼夜はあまり食べません。試験当日は、朝食のお米と納豆などをしっかり食べていました。お腹が空きすぎても集中できないので、チョコレートを直前に1粒食べていました。

【Q5】勉強がはかどるにはどう睡眠を取ればいいですか?

【谷さん】試験の時間に頭が働くように、早めに寝て、早く起きていました。

【平澤さん】睡眠はレム睡眠とノンレム睡眠の2種類から成り立っていて、その2つを平均約90分サイクルで繰り返していると聞きました。90分サイクルを考えて夜9時に寝て、朝の3時に起きて、6時間寝るようにしていました。

　また、疲れていたり眠たいときは、無理しないで効果的な睡眠を意識して1時間半くらい寝てから勉強していました。

【Q6】悩みごとで勉強に集中できないときはどうすればいいですか?

【谷さん】高校受験はちょうど思春期にあたります。親が干渉してくる時期でもあるし、親を拒否する時期でもあります。しかも自分のやりたいことを模索しているときなので、勉強に集中できないのは当たり前です。まず自分のやりたいことを決めて、意識を親などの外に向けるのではなく、自分に向けることが重要だと思います。

【平澤さん】大学の講義で、相手の話を上手に聞くことの大切さを勉強しました。もし友人から悩みごとなどの相談を受けたら、相手の言ったことをオウム返しにするだけでも落ち着いて気持ちもすっきりさせてあげることができます。同じように、悩みごとがある場合には親しい友人などに話をすると気持ちが落ち着きます。

【Q7】最後に、受験生のみなさんへアドバイスをお願いします。

【谷さん】試験前に「勉強してないよ」と言う人がいますが、それは、テストが悪かったときの言い訳をする予防線だと思うんです。ですから、人に「勉強してるよ」と言えるくらい勉強して自信を持って頑張ってください。

【平澤さん】受験だけはどうにかなるようで、どうにかなりません。先のばしにせず、余裕を持って学習してください。そうすれば自信もつくし緊張せずいい結果が出せると思います。頑張ってください。

江戸川学園取手高等学校

EDOGAWAGAKUEN TORIDE HIGH SCHOOL

生徒の夢は学校の目標 心豊かなリーダーの育成

江戸川学園取手高等学校では、「普通科コース」と「医科コース」があり、それぞれ特色ある授業が展開されています。心の教育を重視した「規律ある進学校」としての指導体制は、国公立大・難関私立大への合格実績として表れています。

木内《きうち》 英仁《ひでと》
校長先生

「心の教育」を重視 「道徳の授業」に特色

江戸川学園取手高等学校（以下江戸取）は、１９７８年（昭和53年）に江戸川学園創立50周年を記念して開校された男女共学校です。１９８７年（昭和62年）には中学校が開校されました。

教育理念には「心豊かなリーダーの育成」が、教育方針には「規律ある進学校」が掲げられています。木内英仁校長先生は「本校の生徒たちには、将来において心豊かな人間として生きてほしいのです。江戸取では、自分自身が学んだ専門分野を活かし、社会に貢献できるリーダーとしての人材を育成することを大きな目的としています。また、世の中にはさまざまなルールがあります。そのルールを規律と考え、規律を守ることを通じて、自律できる人間になってほしいと思っています」と話されました。

江戸取では、教育実践として、心力・学力・体力のバランスがとれた三位一体の教育がめざされています。なかでも「心の教育」については、おもに「道徳の授業」「合同HR」「LHR」で実践されています。

木内校長先生は「『道徳の授業』は、ベテランの教師8名が担当します。70分の授業のうち教師の講話が35分、テーマについての話しあいと意見発表が30分、まとめが5分です。生徒たちの意見は各自の『道徳のノート』に記録し、担任はそれにコメントを書いて返却します。1対1の心と心のふれあいを大切にした授業にしています」と説明されました。

高1からの100分授業で　じっくりと理解を深める

江戸取では、1年間を前期と後期に分けた2期制が実施されています。授業は1コマ50分が基本ですが、高1で100分授業、高2・高3では110分授業も取り入れられています。

「学年が進行するにつれて100分授業が増えていきます。授業時間を長くすることで、例えば数学ならば問題演習に時間を多く使うことができますし、理科ではじっくりと実験ができます。高3になると演習がとても多くなりますから、さらに長い110分授業で内容を深めます。」（木内校長先生）

また、江戸取では「普通科コース」と「医科コース」が設けられています。「普通科コース」は、月曜・木曜が7校時、火曜・水曜・金曜が6校時です。土曜は隔週で90分授業が2コマ行われています。

高入生は、高2までは中入生と別クラスで学びます。高入生が2クラス、中入生は6クラスです。高入生は1クラス45名、男女比は男子6割、女子4割になっています。

高校1年次は共通履修ですが、数学・英語・国語の主要教科に重点をおいています。2年次で理系・文系の2クラスに分かれます。中入生には2年次から「東大コース」を設置しています。高入生でも、レベルが高くて力のある生徒がいれば、「東大コース」への編入が可能です。

3年次では志望大学別クラス（東大・東工大・一橋大・千葉大・筑波大などのクラス）になり、中入生といっしょに学びます。クラスは理系6・文系3の9クラスになります。

国公立大医学部をめざす　少人数の「医科コース」

「医科コース」は、国公立大学の医学部進学をめざすコースです。月に1回行われる「医科講話」では、医療現場の第一線で活躍する医師を

体育祭

5月の爽やかな新緑のなか、中・高等部の全生徒が赤青白黄の4色の組に分かれ、全力で競技を行います。また、4色対抗の応援合戦は江戸取名物となっています。

講師として招くなど、特色ある授業が展開されています。

「医師コース」は1クラスのみで、35名編成のうち高入生が10名、中入生が25名となっています。

物理・生物・化学の理科3科目の履修カリキュラムがつくられ、国公立大学医学部の理科3科目入試に対応できる学習体制が整えられています。

水曜日以外は7校時、土曜は「普通科コース」と同じで隔週で授業があります。「数学は中入生の方が先に進んでいるので、高入生10名は『普通科コース』の高入生クラスで学びます。化学と理科総合は、高入生10名だけで授業をしています」（木内校長先生）

紫峰祭

文化祭は「紫峰祭」と呼ばれて、2日間で約5～6000名の来校者で賑わいます。各クラスの研究発表や文化部の発表、模擬店など生徒たちにとって最も力を入れるイベントです。

高2の夏休みには「勉強合宿」を実施

放課後に実施される「課外授業」も充実しています。課外授業の内容は学期の初めに学校のHPで発表され、生徒はそれを見て各自希望する講座に申し込みます。高1では数学・英語・国語が主体ですが、高2、高3になると理科・社会も加え、いろいろな講座が増えていきます。

夏休みにはⅠ期・Ⅱ期と分けられた夏期講習が用意されます。各学年に配慮した講座が設定されています。高2では夏休みに入ってすぐに行われる5泊6日の「勉強合宿」があります。「この合宿から生徒は本格的に受験体制に入ります。高2の夏から、大学受験に向かって自分で意識を持って取り組む体制をつくっているのです。自学自習を本校では『自修』と呼んでいますが、『勉強合宿』は自修が中心で1日12時間学習しています」（木内校長先生）

高2夏期勉強合宿

1日12時間の学習によって「自修力」を養成します。ここから本格的な受験体制がスタートします。

進路指導では、社会で活躍している卒業生が「夢を語る会」で話す機会がつくられています。また、大学生の先輩たちによる、全学年に向けた全体会が開かれています。各教室で行われる「卒業生を囲む会」では、卒業生が大学生活の様子や受験勉強について話します。そのほか、東大に在学する先輩を訪ねる「東大見学会」もあります。

最新設備のそろった施設 生徒の意欲に応える環境

江戸取の生徒たちは、朝早くから登校し、8時ごろには約7割の生徒が朝学習をしています。これは、朝を制する者が1日を制し、受験を制することにつながるという考えに基づいています。規則正しい生活習慣が身につくことは、学力向上への第一歩なのです。

広い敷地内には緑が多く、施設・設備に恵まれています。オーディトリアム大ホールでは、一流の学者や芸術家による「イベント教育」が実施され、最高水準の学問や文化に触れることができます。２００８年（平成20年）に完成された自然科学棟は、中学・高校の実験室があり、最新の器具やシステムを使った高度な実験が可能です。また、最上階には図書館があり、知の貯蔵庫として多くの生徒たちが利用しています。

カナダ修学旅行

高2になると4泊5日の修学旅行でカナダへ行きます。雄大な自然に触れ、現地の高校生との交歓会や自主研修など、最高の思い出となります。

江戸取の大学合格実績にはすばらしいものがあります。とくに、現役合格率が高いのが特徴です。

「本校は『授業が一番』をモットーとしています。学校の授業を大切にして、授業を中心に自分自身の学力をつくりあげます。そのためには、自修力をつけていくことが大事です。よく、『受験は団体戦』と言いますが、それは同時に、集団と個人の力が相互に関連して伸びていくことなのです。本校には、学校の授業で受験に対応できる学力を養う環境が整っています。」（木内校長先生）

来年度の入試は、アドミッション入試が１月９日、一般入試が１月20日の２回になります。また、特待生制度も設けられました。

最後に、江戸取にはどのような生徒さんに来てほしいかをお聞きしました。

「本校の教育理念や教育方針を理解した生徒さんに来ていただきたいです。ぜひ実際に足を運んで、江戸川学園取手という学校を見てください。それから、意欲のある生徒さんですね。意欲があれば、本校の３年間で学力的にも人間的にも成長できます。自信を持っておすすめできる学校だと思っています」と木内校長先生は真摯《しんし》に話されました。

平成23年度大学合格実績　（　）内は既卒

大学名	合格者	大学名	合格者
国公立大学		私立大学	
東大	8(4)	早大	116(33)
一橋大	3(2)	慶應大	66(25)
東京工大	6(3)	上智大	29(9)
北大	2(1)	東京理大	125(38)
東北大	10(4)	明大	124(38)
名古屋大	2(0)	青山学院大	18(10)
大阪大	1(0)	立教大	66(12)
筑波大	32(3)	中大	54(26)
千葉大	16(7)	法政大	51(13)
お茶の水女子大	5(1)	学習院大	17(7)
その他国公立大	66(27)	その他私立大	496(205)
国公立大合計	151(52)	合計	1145(409)

School Data

江戸川学園取手高等学校

所在地
茨城県取手市西1-37-1

アクセス
JR常磐線・地下鉄千代田線「取手」バス5分

生徒数
男子630名、女子457名

TEL
0297-74-8771

URL
http://www.e-t.ed.jp/

School Navi 121

修《しゅう》徳《とく》高等学校

東京　葛飾区　共学校

「文武一体」の実現

「文武一体」を教育の基本方針に据え、「恩が分かり、恩に報いていく（報恩感謝）」生徒を育ててきた修徳高等学校（以下、修徳）。学制改革に伴って、1948年（昭和23年）に設置されて以来、時代の流れに即しながら、知育、徳育、体育のバランスのとれた教育を行ってきました。

希望に応じた3つのコース

現在、修徳には特別進学コース、進学コース、健康・スポーツ進学コース（男子）の3つのコースが用意されています。

特別進学コースは、コース専属のスタッフのもと、1年生で徹底した基礎学力の養成、2年生で文理に分かれて志望校合格への学力定着、そして3年生で来るべき大学受験に向けて、過去問演習などの受験対策を徹底して行います。

こうして、計画的に3年間を過ごすなかで国公立大、早慶上智大・G－MARCHといった難関大現役合格をめざします。

進学コースは、生徒それぞれの希望に応じた進路実現をサポートし、学力と人間性の育成をめざすコースです。そのなかで、さらに生徒の目標によって「文理選抜クラス」「文理進学クラス」の2つに分けることで、よりきめ細かい対応を可能にしています。これまでは男女別でしたが、新年度から共学になります。

健康・スポーツ進学コースは、1年次に進学コースと同じカリキュラムで学ぶことで、しっかりと基礎学力を身につけ、2年以降は健康・保健とスポーツに関する専門科目の勉強を進めることで、健康・保健・医療系・スポーツ・福祉などの幅広い分野への道を開きます。

勉強も部活動も全力投球が修徳生

修徳の特徴の1つは、「文武一体」の言葉からもわかるように、どのコースの生徒でも文武のどちらか一方に偏らず、バランスよく打ち込める環境が整っていることです。男女問わず、全国大会で活躍する部活動がいくつもありますが、そういったクラブの中心選手が特別進学コースで学んでいるのも珍しいことではありません。「勉強にも、クラブ活動にも全力で取り組むのが修徳生」という意識が学校全体で共有されているのです。

もう1つの特徴として、修徳独自の取り組み、「修徳ネイチャープログラム」があります。これは、自然を通して、科学・経済・歴史・環境を学ぶ活動のことで、国立科学博物館での体験学習、海洋研修旅行、沖縄研修旅行、女子ネイチャークラブ、男子科学部など、授業、クラブ活動、学校行事のいろいろなところに取り入れられています。

この秋からは新校舎での生活がスタートし、教育環境もさらに充実した修徳高等学校。文武両方の面において、さらなる発展が期待される学校です。

School Data

修徳高等学校

所在地	東京都葛飾区青戸8-10-1
生徒数	男子428名、女子186名
TEL	03-3601-0116
アクセス	JR常磐線、地下鉄千代田線「亀有」徒歩12分、京成線「青砥」徒歩17分
URL	http://www.shutoku.ac.jp/

School Navi 122

共立《きょうりつ》女子《じょし》第二《だいに》高等学校

東京　八王子市　女子校

変わるもの　変わらないもの

120年以上 語り継ぐ女子教育

雄大な高尾山系を間近に望む小高い丘に位置する共立女子第二高等学校。

創立から120年以上もの歴史を持つ共立女子学園の建学の精神は「女性の自立」、校訓は「誠実・勤勉・友愛」です。高い知性・教養と技術を備え、品位高く人間性豊かな女性の育成に取り組んでいます。

共立女子第二では、この学園の建学の精神や校訓を下地に、独自の教育理念を掲げています。それは、大学付属校という安定した進学システムや恵まれた自然環境のもとで送る学園生活を土台にして、伸びのびとした教育を展開し、バランスのとれた人間を育てることです。

2011年度から 新教育制度開始

共立女子第二は、2011年（平成23年）初春に旧共立女子大の八王子キャンパスを改築した、明るく開放感ある新校舎へ移転しました。移転とともに、生徒にとって通いやすく、学習に取り組みやすいように時程を改定し、登校時間は20分繰り下げ8時40分とし、さらに制服も一新しました。

また、「教育制度改革」でスタートした新カリキュラムは、生徒1人ひとりの進学意欲を刺激しながら、ワンランク上の志望選択を促す新しい仕組みと言ってよいでしょう。

まず、生徒一人ひとりのより確かな進路実現と学力の向上をめざして、高校1年次において、進路希望や成績に合わせた「APクラス」と「Sクラス」の新たなクラス編成を導入しました。「APクラス」は難関大学をめざし5教科について深化・発展した授業を行い、受験力をつけていくクラスです。「Sクラス」は多様な進学志望に合わせて学力のレベルアップをめざすクラスです。高校2年次からは「文系特進」「文系」「国立文系」「文理系」「理系」の5コースに分かれ、高校3年次からは、さらに「理系」が「国立理系」と「私立理系」に分かれます。

また、学習内容をしっかり身につけ、進学指導の強化を図るために、学習到達度を細やかに確認する「学習確認テスト」や「朝学習」を行っています。これらのカリキュラムは国公立受験まで視野に入れた付加価値の高い取り組みとなっています。

ただし、単に偏差値アップだけが目的ではありません。すべての教科で勉強の楽しさ、おもしろさもしっかりと伝えていく授業を行い、それぞれの学問の本質に触れて、大学生活や社会生活に役立つ「知力」の基礎を築くことも大きな目標としています。

このように、さらなる「進化」へ向けてスタートを切った共立女子第二は、新しい時代に向けて生まれ変わり、充実した3年間を約束する最高の舞台です。

School Data

共立女子第二高等学校

所在地	東京都八王子市元八王子町1-710
生徒数	女子のみ589人
TEL	042-661-9952
アクセス	JR線・京王線「高尾」スクールバス JR線「八王子」スクールバス運行開始
URL	http://www.kyoritsu-wu.ac.jp/nichukou/

開智高等学校

なぜ開智は選ばれるのか？

高校選びをする際に、みなさんはさまざまな角度から高校を「評価」すると思いますが、みなさんの目に開智高校はどのように映っているのでしょうか。

開智高校は非常にたくさんの顔をもっていますが、その中で「選ばれる理由第1位」は、「授業がスゴいから」。

高校では中学校以上に幅広く、そして深く、いろいろな教科を学びますが、すべての教科の学習に共通している「開智の学び方」があります。それは次の式によってあらわされます。

「知識の習得」＋「独習」＋「α」＝「社会に貢献できる智力」

この式の「α」にはどのような言葉が入ると思いますか？

正解は「学びあい」です。

開智高校ではこの「学びあい」をとても大切にしています。なぜなら「学びあい」こそ、「人を創る」と考えているからです。

人間は経験を通して「知の体系」と「共同体＝社会」を創ることができる唯一の生き物です。この「知の体系と社会」は人間が出現して以来、気の遠くなるような年月をかけて創り続けられており、それは現在も進行形です。

21世紀の現代を生きる私たちにはこの流れを引き継ぐ責任があります。しかし、引き継ぐといっても、そのまま次の世代に渡すだけでは、私たちが存在する「価値」があいまいになってしまいますね。そこで人間には、その流れを「ほんの少しでもいいから進歩させたい」と願うようなプログラムが仕込まれているのです。

この「人間が持つ本質的な進歩欲求」を刺激し、その能力を開発していくのが開智高校の「学びあい」です。そしてこれが授業で実践されているからこそ「開智の授業はスゴい」との評価が定着しているのだと考えています。

開智の「学びあい」の効果は2つあります。一つ目は「効果的な思考ルートの獲得」です。

一人の人間が考えることができる範囲あるいはルートというのは限られています。なぜなら私たちが持っている知識や経験が限られているからです。

たとえば入試問題を解決する場合、一人ひとり考え方が異なります。似たような切り口のものもあれば、自分が全く思

入試説明会・個別相談日程

入試説明会　予約不要　所要時間約７０分				個別相談　予約制
10月15日	土	１０時００分〜	１３時３０分〜	１０時００分〜１６時３０分
10月29日	土	１０時００分〜		１０時００分〜１６時３０分
11月19日	土		１３時３０分〜	１３時３０分〜１６時００分
11月23日	祝	１０時００分〜	１３時３０分〜	１０時００分〜１６時３０分
11月26日	土		１３時３０分〜	１０時００分〜１６時３０分
12月10日	土		１３時３０分〜	１３時３０分〜１６時００分
12月17日	土	１０時００分〜	１３時３０分〜	１０時００分〜１６時３０分
12月23日	祝	１０時００分〜		１０時００分〜１６時００分

※説明会は初めて参加される方と、以前に参加されたことがある方と会場を分けて実施します。
※個別相談はすべて予約制です。詳細は開智学園高等部ＨＰをご参照ください。

いもつかなかったような切り口で考えている仲間もいます。特にこの「自分には思いもつかなかったような切り口」は自分一人で勉強しているだけでは文字通り「思いつかない」ものです。

同じ課題についても解決のルートはいろいろあること、課題によっては、その解決策（答え）もいろいろあることを、互いに自分の思考ルートを発表しあうことを通して、共有し、自分にないものを仲間から体験的に学ぶことで、本来は限られている自分の「思考ルート」は短時間で飛躍的に増加していくのです。

二つ目の効果は「ソーシャル・スキルの向上」です。「ソーシャル・スキル」とは耳慣れない言葉かもしれませんね。「社会性」とか「人との付き合い方」と考えてよいでしょう。

中学生・高校生が一日の活動時間のうちの大半を過ごす学校は学習だけを行う場ではありません。たとえば部活動。運動部にしても文化部にしても、基本的な技術やルールなどは顧問やコーチ、あるいは先輩などから教えてもらいます。そのあとは一人ひとりが練習をし、自分に磨きをかけていきます。その過程で重要なのが同級生や先輩たちとのコミュニケーションです。アドバイスをもらったり、お互いに不十分なところを指摘しあったり、優れたところを盗んだりといった「仲間とのつながり」を通じて、急速に力を伸ばしていきます。

このような活動でのコミュニケーション体験はみなさんの「ソーシャル・スキル」を育成します。部活動や委員会活動などの場において「学びあう」ことを通じてみなさんは「ソーシャル・スキル」を高めているわけです。

この「学びあい」が持つ「ソーシャル・スキル育成力」を課外活動の場だけで生かしているのは非常にもったいないことです。学校生活の大部分を占める授業においても「学びあい」を積極的に取り入れることで、みなさんはどんどん伸びていきます。授業での「学びあい」体験をたくさん積むことで、バランスのとれた人間力をみなさんは身につけていくことができるのです。

さらにパワーアップした授業を準備して、みなさんの入学をお持ちしています。

一人ひとりの個性が活かせる学園です。

●学校説明会（予約不要）

１１月１２日（土）14:00～
１１月１９日（土）14:00～
１１月２７日（日）10:00～
１２月　３日（土）14:00～
１２月１０日（土）14:00～

※12月10日(土)は個別相談のみ予約が必要です。

●学校見学（要予約）

随時可能(土・日・祝祭日は自由見学)

※お車でのご来校はご遠慮願います。

●平成24年度　募集要項

			推薦入試A	推薦入試B 都外生対象	第1回 一般入試	第2回 一般入試
普通科	試験日		1月22日(日)		2月10日(金)	2月11日(土)
普通科	募集人員	特進コース	男女15名		男女15名	
普通科	募集人員	総合進学コース	男女150名		男女151名	
工学科	試験日		1月22日(日)		2月10日(金)	2月11日(土)
工学科	募集人員		男女120名		男女120名	

※工学科は一括募集。2年次より[総合工学コース、機械コース、電子情報コース、建築デザインコース]のコース選択制。

〈アクセス〉●JR中央線･青梅線･南武線「立川駅」北口よりバス8分(西武バス6･7･8番より　昭和第一学園下車)
●多摩モノレール「立川北駅」北口よりバス8分(昭和第一学園下車)
●多摩モノレール「泉体育館駅」より徒歩13分
●西武拝島線「東大和市駅」北口よりバス8分(昭和第一学園下車)

昭和第一学園高等学校

〒190-0003 東京都立川市栄町2-45-8 Tel 042-536-1611 Fax 042-537-6880 http://www.sdg.ed.jp

「手をかけ　鍛えて　送り出す」
躍進！現役合格　新生昌平2期生

新生昌平Ⅰ・Ⅱ期生の主な合格大学(過去２年)

	平成23年			平成22年		
国公立大	筑波大(1)	横浜国立大(1)	東京学芸大(3)	東京大(1)	東京工業大(1)	筑波大(1)
	埼玉大(4)	茨城大(1)	宇都宮大(1)	千葉大(3)	埼玉大(1)	宇都宮大(3)
	東京農工大(1)	埼玉県立大(5)	横浜市立大(1)	群馬大(1)	東京農工大(1)	東京海洋大(1)
	千葉県立大(1)	―――	―――	埼玉県立大(1)	防衛大学校(1)	―――
	合計19			合計15		
難関私立大	早稲田大(2)	慶應義塾大(1)	上智大(1)	早稲田大(4)	慶應義塾大(3)	上智大(3)
	東京理科大(15)	国際基督教大(1)	学習院大(5)	東京理科大(7)	学習院大(3)	明治大(13)
	明治大(7)	青山学院大(2)	立教大(7)	青山学院大(1)	立教大(7)	中央大(6)
	中央大(6)	法政大(19)	―――	法政大(9)	―――	―――
	合計66			合計56		
	その他の大学合格者数434			その他の大学合格者数251		

■学校説明会
10月23日(日)10:00･14:00
11月20日(日)10:00･14:00
11月26日(土)10:00･14:00
11月27日(日)10:00･14:00
12月 3日(土)14:00
12月11日(日)10:00

■昌平プレップテスト(中3生対象)＊要申込
11月3日(木･祝)8:30～12:35

■個別相談デー　＊要予約
12月17日(土)14:00～16:30
12月18日(日)　9:30～15:30
12月25日(日)　9:30～12:00

国公立大学、難関私立大学をめざす

特別進学コース

新設 T特選クラス

特選クラス／特進クラス

MARCHから、中堅大学までをめざす

標準進学コース

選抜アスリートクラス／
選抜クラス／総合進学クラス

パワーイングリッシュプロジェクト

全校生徒が
英語に強くなる！

展開中

学習面では G-MARCH、
スポーツでは全国を目指す。

選抜アスリートクラス

《超一流の指導者続々昌平へ》

■藤島　信雄　サッカー元日本代表主将
本校サッカー部チームディレクター

■中村　誠　高校ラグビー部監督として全国制覇5回
本校ラグビー部総監督

■大森　国男　高校陸上競技部監督として全国制覇12連覇
本校陸上競技部監督

現役合格主義

新生 昌平高等学校

〒345-0044 埼玉県北葛飾郡杉戸町下野851　TEL.0480-34-3381　FAX.0480-34-9854　http://www.shohei.sugito.saitama.jp

● 東武日光線【杉戸高野台駅】西口より徒歩15分　直通バス5分　● 東武伊勢崎線・JR【久喜駅】東口より自転車15分　直通バス10分、路線バスあり
● 東武伊勢崎線【和戸駅】自転車8分

東京都立
新《しん》宿《じゅく》高等学校

共学校

戸《と》田《だ》 弘美《ひろみ》 校長先生

「チーム新宿」でつかむ 生徒それぞれの希望進路

近年、めざましい大学合格実績の伸びを見せ、2007年から進学指導特別推進校に指定されている東京都立新宿高等学校。躍進の原動力は生徒、教員、保護者が一丸となった取り組みにありました。

「全員 指導者たれ」 次世代のリーダーを育てる

新宿駅からほど近く、通学にはとても恵まれたロケーションに立つ東京都立新宿高等学校は、１９２２年（大正11年）に東京府立第六中学校として開校したのが始まりです。１９５０年（昭和25年）の学制改革に伴い、現在の学校名である東京都立新宿高等学校（以下、新宿高）と改称されました。そして、２００３年（平成15年）に進学重視型単位制高校として改編、２００７年（平成19年）に進学指導特別推進校に指定されています。来年（２０１２年）には創立90周年を迎える長い歴史を誇る伝統校です。

新宿高の教育理念は「全員 指導者たれ」。その言葉どおり「次代を担うリーダーを育てる」ことを教育目標に掲げています。戸田弘美校長先生は「リーダーを育てるために重視しているのは『自主・自律、人間尊重』の精神を養うということです。『自主』は自分で考えて行動できること。『自律』については、学校行事・部活動や学習面で、生徒が自分で目標を持ち、達成することで、自律の精神を養うように指導しています。また、今年6月の運動会のときのこ

朝陽祭（文化祭）

9月に2日間続けて行われます。例年、1・2年生は演劇かミュージカルを演じ、3年生が舞台（ダンス）か模擬店を出店します。

運動会

5月に駒沢オリンピック公園総合運動場で開催される運動会。縦割りの2クラスずつが1つの組になり、東西南北の4つに分かれてさまざまな競技で競いあいます。

とですが、体育委員会の生徒が運営の中心となり、例年以上に効率よく進行して、内容も充実していました。私が閉会式で体育委員会の生徒たちを労うと、体育委員長は『みんなが協力してくれたおかげです。ありがとう』と生徒全員を労いました。仲間を思いやる心（『人間尊重』の精神）が、しっかりと育まれていることを感じました」と話されました。

進学重視型の単位制を活かしたカリキュラム

新宿高は、2学期制で1時限50分。平日はすべて6時限授業です。そして、土曜日に年間20回、4時限の土曜日授業が行われています。また、各学年は8クラス編成で構成され、全生徒数973名です。

次にカリキュラムですが、新宿高は単位制でありながら、大学入試センター試験に対応できる基礎的学力を身につけるため、1年次は全クラスが共通のカリキュラムで学びます。

2年次になると、文系か理系かの選択を行い、それにより社会、理科の内容が異なります。計12単位ぶん、必修選択として必ず選択します。文系の場合は世界史B、日本史Bに加えて、生物と物理（生物重視）を学習します。理系の場合は、日本史A、世界史A、化学と生物・物理（生物重視か物理重視のどちらかを選択できる）を学習します。

最終学年の3年次では、必修選択科目12単位のほかに、進路希望に応じて、自由選択科目を8単位まで選択することができます。

そのほかに、7・8時限目に第2外国語（ドイツ語、フランス語、中国語、ハングル）の講座も用意されていて、希望者は1年次から参加することができます。

「本校は進学重視型単位制高校として、教員が12名加配されています。そのため、習熟度別授業など、きめ細かい指導ができます。単位制ですが、自分で時間割を作るという形式の学校ではありません。1、2年次は学年制の学校と同じく、時間割は必修科目で固定されており、クラス単位の授業が主体です（3年次は選択科目が増え、選択科目では各自が教室移動します）。また、1年次では英語・数学・国語を標準単位数より1単位ずつ多く設定し、確実な学力育成を重視しています。」（戸田校長先生）

細かな習熟度別授業や週末課題、補習・講習も特長

習熟度別授業が細かく行われてい

合唱コンクール

1・2年生がクラスごとに参加し、優勝クラスを決めます。

クラブ活動

クラブへの加入率は90％を超えておりとてもさかんです。新宿高でクラブ活動がしたくて入学を希望する生徒もいるそうです。

るのも特長です。1年生では総合国語（古典分野）、数学Ⅰ、英語Ⅰ、化学Ⅰ、2年生では古典、数学B、英語（ライティング）、物理（理系のみ）、3年生は英語(ライティング)で実施されています。数学が2クラス3展開で、国語、英語、化学、物理はすべて1クラス2展開です。さらに定期考査ごとにクラス変更が行われるのも新宿高ならではです。「定期考査ごとに、高いレベルのクラスをめざして頑張るという目標ができるので、そのことが生徒の強いモチベーションになるという効果があります。」（戸田校長先生）

そのほかにも、入学してすぐに行われるセミナー合宿や、各授業での宿題とは別に出される「週末課題」、各種の補習・講習なども生徒の学力向上に大いに役立っています。

1年生が対象のセミナー合宿は、入学してすぐの4月に行われます。この合宿では、オリエンテーションや、新宿生としての心構えを学びます。戸田校長先生は「本校では家庭での学習時間を学年＋1～2時間としています。この合宿でその予習・復習の大切さ、自学自習の意識を身につけてもらいます。また、あいさつや『5分前集合』といった、新宿生が守るべきマナー、ルールを学ぶ期間なのです」と説明されました。

「週末課題」は、各学年で、毎週先生がたが課題を考えて、生徒が計画的に勉強できるようにと出される宿題のことです。

また、補習・講習は年間でのべ1700時間用意されています。とくに、各学年で行われている夏期講習は活発で、受験学年の3年生の場合、59講座開講されています。今年の場合、7月19日～8月29日まで、1～6期に分けて実施されており、1～5時限まで、多くの生徒が希望して学んでいます。

合い言葉は「チーム新宿」

こうしたさまざまな取り組みを可能にしている合い言葉が「チーム新宿」です。

「進路指導を主体として、学習や生活などに生徒、教職員、保護者が一丸となって取り組むのが本校の特長です。それを『チーム新宿』と呼んでいます。」（戸田校長先生）

実際、近年の大学合格実績の伸びは著しく、この5年で国公立大の合格者は42名（2007年）から74名（2011年）に増えるなど、大きな成果をあげています。この結果、それまで各学年で設置されていた

自学自習

①新宿高では、放課後やクラブ活動終了後に、2室ある自習室を使う生徒がたくさんいます。自由参加ですが、しんと静まり返ったなかで、毎日150人以上が自学自習を行っています。②職員室前に質問コーナーがあり、生徒たちはわからないことや聞きたいことがあれば、その日のうちに先生に尋ねて解決しています。③週末課題は各クラスごとにボックスに入れられていて、担当の生徒が毎週ここから持ち出し、クラスメートに配ります。

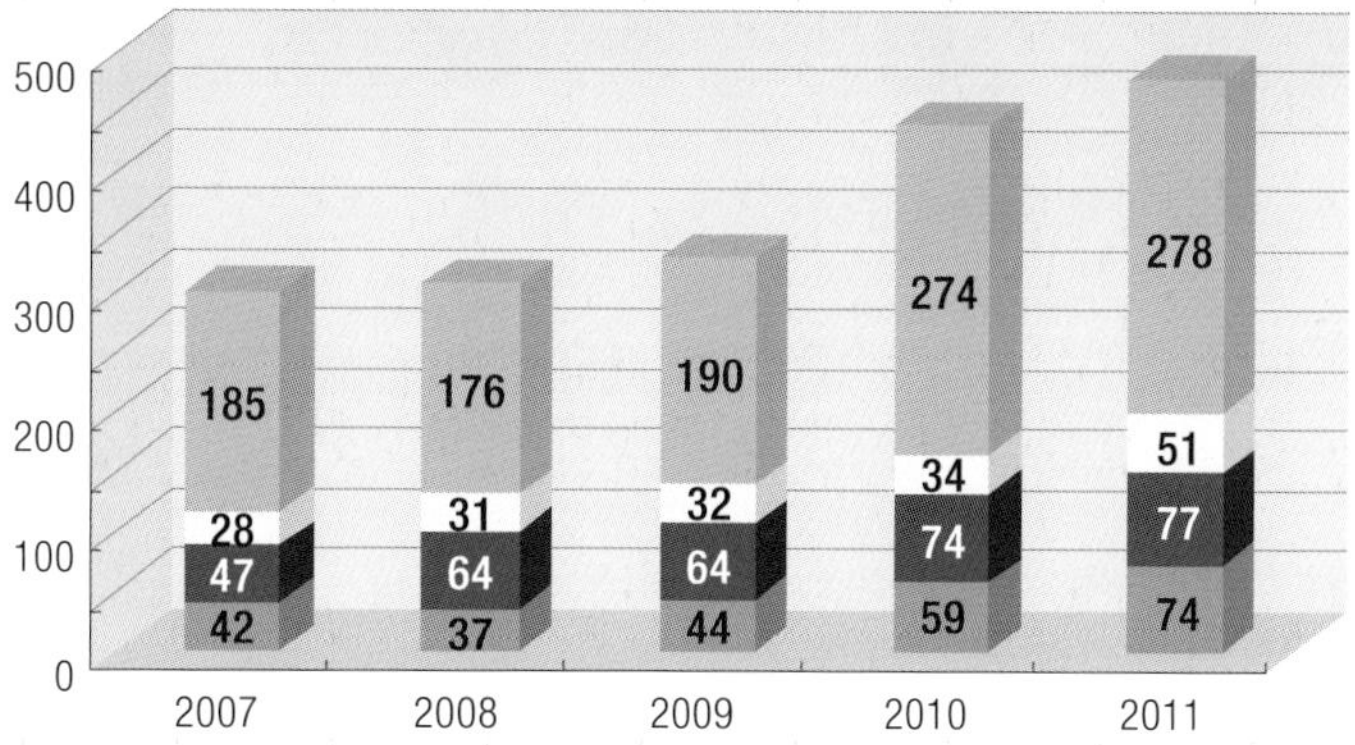

MARCH
上智東京理大
早慶大
国公立大

新宿高の過去5年間の大学合格実績です。5年前と比べて、大きく合格者数が伸びていることがわかります。

「国公立クラス」は、その必要がなくなったために来年度から廃止される予定です。それだけ新宿高生にとって、国公立大の受験が身近になったということでしょう。

新宿高では、8名のクラス担任と進路指導部が、各学年320名の生徒の状況を把握し、進路指導にあたっています。生徒1人ひとりの模擬試験のデータと学校の成績が個別にチェックされ、担任団と進路指導部が意見交換の会議を行います。これは「目線合わせ」と呼ばれていて、320人それぞれの進路希望を叶える大きな力になっています。

「本校には『進路は補欠なき団体戦』という重要なキーワードがあります。補欠がいないというのは、生徒1人ひとり、全員が主役ということです。勉強も部活動も学校行事も、みんなで頑張ろうという団体戦の精神で、つねに臨んでいます。また、『大学受験は学校行事だった』という、生徒が実際に卒業式答辞で語った言葉を大切にしています。友がいればできる、みんなで取り組もうという精神は生徒のなかに着実に根付いてきました。こうした考え方が『チーム新宿』という言葉に集約されています。」(戸田校長先生)

また、勉強だけではなく、創立以来受け継がれる「文武両道」は健在で、全国大会に出場する部もあるなど、部活動も非常に活発です。

新宿という大都会にありながら、緑豊かな新宿御苑に隣接する恵まれた環境にある東京都立新宿高等学校。

ここは、「学習に対して高い向上心を持ち、学習以外のさまざまな活動においても意欲的に取り組む生徒のみなさんの、希望を実現できる」(戸田校長先生)学校です。

School Data

東京都立新宿高等学校

所在地

東京都新宿区内藤町11-4

アクセス

地下鉄副都心線「新宿三丁目」徒歩2分、ＪＲ線「新宿」・地下鉄丸ノ内線「新宿三丁目」徒歩4分

生徒数

男子413名、女子560名

TEL

03-3354-7411

平成23年度大学合格実績 ( )内は既卒

大学名	合格者	大学名	合格者
国公立大学		その他国公立大	7(0)
北大	2(0)	国公立大合計	71(7)
茨城大	2(0)	私立大	
筑波大	1(1)	早大	58(20)
埼玉大	6(1)	慶應大	19(9)
千葉大	7(1)	上智大	13(3)
一橋大	3(0)	東京理大	36(14)
お茶の水女子大	1(0)	青山学院大	25(4)
東京工大	3(2)	中大	40(12)
東京医科歯科大	1(0)	法政大	61(16)
東京海洋大	2(0)	明大	83(21)
東京外大	3(0)	立教大	66(21)
東京学芸大	5(0)	学習院大	16(7)
東京農工大	6(1)	日大	60(20)
電気通信大	2(0)	津田塾大	8(3)
首都大東京	18(1)	その他私立大	383(95)
横浜国立大	2(0)	私立大合計	868(245)

ミステリーハンターQの 歴男 歴女 養成講座

ミステリーハンターQ（略してMQ）

米テキサス州出身。某有名エジプト学者の弟子。1980年代より気鋭の考古学者として注目されつつあるが本名はだれも知らない。日本の歴史について探る画期的な著書『歴史を掘る』の発刊準備を進めている。

山本 勇

中学3年生。幼稚園のころにテレビの大河ドラマを見て、歴史にはまる。将来は大河ドラマに出たいと思っている。あこがれは織田信長。最近のマイブームは仏像鑑賞。好きな芸能人はみうらじゅん。

春日 静

中学1年生。カバンのなかにはつねに、読みかけの歴史小説が入っている根っからの歴女。あこがれは坂本龍馬。特技は年号の暗記のための語呂合わせを作ること。好きな芸能人は福山雅治。

太平洋戦争

日本軍がハワイの真珠湾を攻撃して始まった太平洋戦争。悲惨な戦争の歴史を学び、みんなで平和について考えよう。

勇 今年は１９４１年に始まった太平洋戦争から70年なんだね。

MQ そう。12月8日に日本軍がハワイ真珠湾のアメリカ海軍基地を攻撃して始まったんだ。

静 おじいさんやおばあさんに聞くと、とても大変な時代だったって。

MQ 3年8カ月の間に、日本人だけで３００万人以上が亡くなり、日本は焦土となり、しかも敗北したんだからね。

勇 なんで戦争を始めたの?

MQ １９３７年、中国の北京郊外で日本軍と中国軍が衝突して、日中戦争が始まった。日本軍は戦闘では勝っていたが、蒋介石率いる国民政府は首都を奥地に移して抵抗を続けたんだ。アメリカやイギリスは、中国南部のルートを使って、国民政府を支援していたので、国民政府は抵抗を続けることができたんだ。

静 その支援をやめさせようとしたのね。

MQ その通り。日本は１９４１年7月には南部仏印《ふついん》に進駐したんだけど、アメリカやイギリスは日本の資産を凍結したり、日本への石油などの輸出を禁止したりして対抗し、対立が激化してしまった。

勇 東南アジアには豊富な資源もあったから、それも理由の1つ?

MQ ゴム、ボーキサイト、石油などの資源を得る必要もあった。シンガポール、マレーシアはイギリスの植民地だったし、インドネシアはオランダの植民地だった。フィリピンはアメリカの植民地だったからね。

静 でも日本は負けたんでしょ。

MQ 真珠湾奇襲は成功し、シンガポールや香港が陥落し、フィリピンも占領して、初戦は日本が優勢だったんだけど、その後、制空権、制海権を奪われるようになり、太平洋の島々では、玉砕といって、将兵が全滅する悲惨な戦いが繰り返された。日本本土も空襲されるようになって、１９４５年8月には広島と長崎に原子爆弾を落とされ、降伏することになってしまった。

勇 ソ連も日本に宣戦布告をしたって本当?

MQ １９４５年8月8日、日本が敗北する直前にソ連は日本に宣戦布告をして、いまは中国東北部といわれる旧満州に侵攻、降伏した日本軍将兵60万人以上をシベリアに抑留して強制労働をさせ、6万人以上が亡くなったんだ。戦争は悲惨だ。どうすれば戦争をなくすことができるかを、みんなも考えてほしいな。

Seize the day

自立した個人への道を、一歩ずつ、確実に。

学校説明会

10月15日(土)	10月22日(土)
11月 5日(土)	11月19日(土)
11月26日(土)	12月 3日(土)
12月10日(土)	14:00〜15:00

説明会は全体会1時間(予定)、その後に校内見学・個別相談を受付順に行います。

特待入試解説会 <要予約>

11月23日(水・祝)　9:00〜13:00

個別相談会 <要予約>

11月27日(日)

12月23日(金・祝)

9:00〜15:00

※すでに学校説明会の全体会に参加している方が対象です。

予約が必要な行事は本校webサイトにてご予約ください。

学校見学は事前にご相談ください。

桜丘高等学校

〒114-8554 東京都北区滝野川1-51-12　tel：03-3910-6161

http://www.sakuragaoka.ac.jp/

mail：info@sakuragaoka.ac.jp

twitter：@sakuragaokajshs

facebook：http://www.facebook.com/sakuragaokajshs

- JR京浜東北線・東京メトロ南北線「王子」駅下車徒歩7〜8分
- 「池袋」駅から都バス10分「滝野川二丁目」下車徒歩2分
- 都営地下鉄三田線「西巣鴨」駅下車徒歩8分
- 北区コミュニティバス「飛鳥山公園」下車徒歩5分
- 都電荒川線「滝野川一丁目」駅下車徒歩2分

共栄学園高等学校

「活力あふれる進学校」だから東京大学合格

■学校説明会（14:00～）
第2回　10月22日（土）
第3回　11月 3 日（祝）
第4回　11月13日（日）
第5回　12月 4 日（日）

■埼玉県対象説明会（10:00～）
12月25日（日）

■学校見学会
10月1日（土）～12月18日（日）
（期間中の土・日・祝 10:00～15:00　14:30 までにご来校下さい）

「文武不岐」を掲げ、知・徳・体が調和した全人的な人間教育を目指す共栄学園高等学校。「活力あふれる進学校」をモットーに、近年、その大学進学実績の優秀さが目立ちます。平成22年度入試では、ついに東京大学合格者も輩出しました。

「特進」「普通」の2コース制で着実に歩み確かな夢を実現する

昨年、東京大学合格者を輩出した共栄学園高等学校。平成23年度の大学入試では、防衛大学校をはじめとする国公立大学に5名、早慶上理に14名、ＧＭＡＲＣＨＴには37名という合格者を出しました。

過去3カ年毎の比較をすると、国公立大学合格者数では、平成18年～20年の3年間での29名が、次の3年間では32名に増加。早慶上理では、32名が47名に大幅アップ。そして、ＧＭＡＲＣＨＴにおいては、73名が１２１名の合格者数になるという飛躍的な伸びを示しています。

こうした優秀な進学を可能にしたのが、共栄学園の「特進」「普通」の2コース制。特進コースでは、難関国公立大学や難関私立大学、国公立大学への合格に向けて確かな学力を身につける授業を展開。普通コースでは、有名私立大学合格に向けた授業を展開しています。

特進コースは、次の3つの柱のもと学習が進められているのが特徴です。

〈中高一貫の先取り学習を高校3年間で〉

1・2年次では、週37時間授業を行い、さらに、長期休暇中にも主要科目の授業を行います。これにより、高1で中高一貫生に追いつくことが可能となり、高2で、高校範囲の学習を修了します。

〈浪人生に負けない受験勉強時間を確保〉

1・2年次に先取り学習を終えた結果、3年次では週25時間の必修科目を受けるだけで卒業単位を満たせます。つまり、大学入試に必要な学習に十分な時間を確保できるのです。8時間の自由選択授業では、大学入試センター試験対策授業を自由に選択することができます。

また、予備校のサテネット講座や、夏休みには18日間の特別講座も実施され、学校で十分な入試対策が可能です。

〈特進コースに、選抜クラスを設置〉

さらに、特進コース生と中高一貫生のなかから成績などを考慮して編成される選抜クラスも設置。最難関国公立大学現役合格を目指し、よりハイレベルな授業が展開されています。

もちろん、普通コースでも深化した学習指導体制のもと、個々の能力を確実に伸ばす授業が行われています。

こうしたきめ細かな大学進学に向けての学習展開が、見事な大学合格実績となって現れています。でも、共栄学園が目指すのはもっと先。さらに大きく強く、生徒の「夢に向かう確かな力」を実現しようとしている共栄学園です。

共栄学園高等学校
東京都葛飾区お花茶屋2−6−1
京成本線「お花茶屋」徒歩3分
電話・03−3601−7136

和田式 教育的指導

模擬試験は入試の練習と考えよう

　模擬試験が持つ意味あいには、2つの側面があります。1つは力試しの面、そしてもう1つは入試の練習という面です。

　このうち力試しの面を利用するだけでは、自分が何点とれたか、自分の順位がどのくらいかを知るだけで終わってしまいます。ただ点数だけを気にして、偏差値がいくつだから、志望していた学校をあきらめようなどといったことを考えるのは大きな誤りです。入試の練習であるという面も意識して模試を活用することが重要なのです。

　家で勉強しているときは、あまり制限時間を考えたりしませんね。しかし、入試では60分や90分といった試験時間が決められています。そこで、問題に対する取り組み方が大切になってきます。

　例えば数学だったら、「できる問題からやっていき、最後の10分ぐらいは見直しにとっておこう」とか、英語なら「先に読解問題をやり、その後に細かな小問をやっていこう」というふうに、取り組み方を戦略的に考えるのです。

　こうした試験に対する取り組み方は、人によってそれぞれ合った方法がありますから、一概に共通したものを示すことはできません。

　ですから模試は、どのような取り組み方が自分に合っているかを試していくための練習だと思って受けてみるといいでしょう。

模擬試験を受けたら反省点を振り返る

　模擬試験で一番重要なポイントは、試験でうまくいかなかったときにどう対応するかです。つまり、模擬試験を受けてうまくいかなかったところがあるのだったら、なにが原因なのかをしっかりと見極めて、そこを改善していかなければならないということです。

　模擬試験がうまくいかなかったというときには、それなりの原因・理由があるでしょう。みなさんも、「英語の読解問題を先にやったら時間を取られて失

模擬試験は受けたあとが大切。ただ点数や偏差値を確かめるだけでは、模擬試験の意味がありません。

Hideki Wada

和田秀樹

1960年大阪府生まれ。東京大学医学部卒、東京大学医学部附属病院精神神経科助手、アメリカのカールメニンガー精神医学校国際フェローを経て、現在は川崎幸病院精神科顧問、国際医療福祉大学大学院教授、緑鐵受験指導ゼミナール代表を務める。心理学を児童教育、受験教育に活用し、独自の理論と実践で知られる。著書には『和田式　勉強のやる気をつくる本』『中学生の正しい勉強法』『難関校に合格する人の共通点』（新刊）など多数。初監督作品の映画「受験のシンデレラ」がモナコ国際映画祭グランプリ受賞。

模擬試験を100%活用しよう！

敗してしまった」とか、「数学で難問にひっかかってしまい、ほかの問題を解く時間が足りなくなってしまった」などと思ったことがあるのではないでしょうか。そういう部分が反省点なのです。

　模擬試験が終わったら、きちんとその内容を振り返り、反省点をあげてみましょう。改善すべき点を見つけることで、模擬試験をより有意義なものにすることができます。

反省点をもとに計画を練り直そう

　模擬試験の反省点が出てきたら、今度はそこから計画を考え直してみましょう。何回か模擬試験を受ければ、読解問題を先にやるのか、それとも細かな問題からやるのかといった順番やペース配分について計画を立てることができるようになります。

　また、計画を立てるだけでなく、自分の学習にはなにが足りていないのかを考えてみる必要も出てきます。英語の語彙《ごい》が少し足りないとか、社会科の暗記ものが身についていないなどのウィークポイントがはっきりしてきます。また、逆にここの部分は力がついている、あるいは大体完成しているといった面も見えてくるでしょう。

　こうした形で、きちんとできた問題と、うまくできなかった問題を整理します。そして、できなかった問題に関しては、きちんとメンテナンスをすることが必要です。

　このように、模擬試験を受験勉強のものさしと考えて、そのつど計画を練っていくことが大切です。

　最後になってしまいましたが、学力が足りていないときは、模擬試験はなるべく受けない方がいいと思います。基礎学力がきちんとついていない状態では、力試しの面だけが強調されかねないからです。それでは模擬試験を全面的に活用することはできません。

　基礎的な学力をつけて、そのうえで活用していくことができれば、模擬試験は合格に近づくための力強い味方になってくれますよ。

Point 1 模擬試験は本番だと思え!!

模擬試験では、きちんと制限時間が決まっていて、これほど本番の練習になる機会はほかにない。だらだらと問題を解いてはせっかくの機会がムダになってしまうぞ。時間内でどのように問題を解いていくか、作戦をしっかりと立て挑もう。

Point 2 失敗した部分こそが大きなチャンスだ!!

いつも模擬試験がバッチリできる人なんていないだろう。なにかしらうまくいかなかった点があるはずだ。そういううまくいかなかった点をきちんと振り返って原因を確認することこそが、模擬試験の最も重要な要素だ。

Point 3 次に向かって作戦を立て直せ!!

反省点をしっかりと確認したら、次の模擬試験では、どのような解き方をするか考え直すことが大切だ。こうして模擬試験のたびに反省と計画の練り直しを繰り返すことで、本番に万全の体制で臨めるようにしよう。

TASUKU MASAO

教育評論家 正尾 佐の

高校受験指南書

六拾の巻

今年のおもしろい入試問題 3

国語

《今年のおもしろい入試問題》シリーズの最後は国語だ。「おもしろい」ことには2種類あって、1つは『興味深い』、もう1つは『滑稽《こっけい》』だ。英語と数学は前者の興味深い問題を扱ったので、国語は滑稽な問題を取り上げよう。

と言っても、ふざけた問いというのではなく、問題文が滑稽な内容のものだ。例えば、次のお茶の水女子大附属の問題文がそうだ。

まず、読んでみよう。「えーっ、ヤダよぉ～、古文なんて」などとのび太のようなことを言わないで、少しずつ読んでいこう。

> 今はむかし、ある人牛を売りけるに、買主《かいぬし》いふやう、「この牛は、力も強く病気《やまひけ》もなき[か]」といへば、

さあ、わかりやすく逐語訳《ちくごやく》をするよ。

今はむかし

＝もう昔（のことだが）

ある人牛を売りけるに

＝ある人（が）牛を売った（とき）に

買主《かいぬし》いふやう

＝買い手（が）言うこと（には）

「この牛は、力も強く病気《やまひけ》もなきか」といへば

＝この牛は、力も強く病気ぎみでもないか」と言うと、

牛の売買の話だね。買い手が売り手に牛の状態を尋ねたのだ。ここで早くも問いがある。

> 問二 [か]と同じ意味・用法のものを次の中から選び、記号で答えなさい。
>
> ア、こんなことがあっていいものか。
>
> イ、試験はいつからですか。
>
> ウ、だれかと思ったら、君でしたか。
>
> エ 泣く人がありますか。
>
> オ 早く来ないか。

「この牛は、力も強く病気《やまひけ》もなきか」の文意がわかれば易しいね。

選択枝のア～オの意味は、

ア、こんなことがあっていいものか。（いいわけがない　反語）

イ、試験はいつからですか。（教えてください　疑問）

ウ だれかと思ったら、君でしたか。（びっくりですね　発見・驚き）

エ 泣く人がありますか。（泣くのはあなたぐらいですよ　非難）

オ 早く来ないか。（急いで来なさい　命令）

もちろん、正解は、疑問のイだね。

【正解】イ

さあ、続けよう。

> 売主《うりぬし》答へていはく、「なかなか力の強く、しかも(1)息災《そくさい》な。(注1)大阪《おおさか》の陣《ぢん》では真田(注2)ぢやと思へ」といふ。「さらば」とて買い取る。
>
> 注1　大坂の陣　豊臣《とよとみ》方の守る大坂城を徳川《とくがわ》方が攻めた戦い。冬の陣と夏の陣があり、ここでは冬の陣をさす。
>
> 注2　真田　真田幸村《さなだゆきむら》（一五六七～一六一五）。武将。大坂の陣で活躍し、一六一五年の夏の陣で戦死した。

売主答へていはく

＝売り手（が）答えて言うこと（は）

「なかなか力の強く、しかも息《そく》災《さい》な。

＝「たいそう力が強く、しかも健康だよ。

しかも大坂《おおさか》の陣《ぢん》では真田ぢや

＝しかも大坂の陣で（いうと、あの強い）真田（のよう）だ

と思へ」といふ。

＝と思ってくれ」と言う。

「さらば」とて買い取る。
＝「それなら」と（言っ）て買い取った。

牛の売買が成立したね。真田幸村は、豊臣秀頼に与《くみ》して、敵の徳川家康軍をさんざん悩ませた武将だ。ここでも問いがある。

問一　点線部ⅰ「答へていはく」を現代仮名遣いに改めなさい。

「答へ」は昔の書き方で、いまの書き表し方（＝現代仮名遣い）なら「答え」だね。それだけではない。「いはく」（＝「言はく」）にも目を向けよう。「いはく」は「いわく」だ。
正解は「答えていわく」。

【正解】答えていわく

問四　傍線部⑴「息災」の意味を次の中から選び、記号で答えなさい。
ア、縁起がいい
イ、気立てがいい
ウ、丈夫である
エ、値段が安い
オ、働き者である

「息」は「息《や》む」、「災」は「災《わざわ》い・災難」という意味で、仏の力で災いを止めることを、仏教で「息災」と言う。そこから、『無事・達者』という意味で用いられるようになった。
正解は『達者』とほぼ同じ「丈夫である」のウだね。

【正解】ウ

五月《さつき》になりて、この牛にからすき（注3）をかけて田をすかするに、一向《いつかう》弱うて田をもすかず、からすきは一《ひと》足《あし》もひかず。

注3　からすき　柄《え》が曲がって刃の広いすき。牛馬で引いて田を耕す。

五月《さつき》になりてこの牛にからすきをかけて
＝5月になってこの牛に唐鋤をつけて
田をすかするに
＝田を耕させると
一向《いつかう》弱うて田をすかさず
＝まったく弱くて田を耕さず
からすきは一足《ひとあし》もひかず。
＝唐鋤を一歩も引っぱらない。
5月、それは農耕の時期だ。買い手は田畑を耕作すべく、牛に唐鋤を引かせようとした。だが、非力な牛で、農作業に役立たない。

問三　二重傍線部A「すかする」・B「ひかず」の主語を次の中から選び、それぞれ記号で答えなさい。
ア、売主　イ、買主　ウ、牛
エ、からすき　オ、作者

「鋤《す》く」は土を浅く掘り起こすことだ。人間が自分の力で（鍬《くわ》や鋤《すき》を用いて）田畑を浅く掘り起こすのは、かなり重労働だ。そこで人間は牛馬の力を借りることにした。牛や馬に鋤を装着して引っぱらせて、土壌を適当な深さに掘り起こさせるのだ。

A「すかする」は「すか（鋤《す》く・未然形）」に使役の助動詞「する」（す・連体形）がついたもので、『鋤か・せる＝掘り起こさ・せる＝耕さ・せる』という意味だ。買い手が牛を使役して、田を耕させるのだね。

B「ひかず」は「ひか（引く・未然形）」に打消の助動詞「ず」（終止形）がついたもので、『引か・ない＝引っぱら・ない』という意味だ。

正解は、Aがイ、Bがウ。

【正解】Aイ　Bウ

⑵ややもすれば人を見てはかけ出で（注4）て、角にて、かけんかけん（注5）とするほどに、「何の役にも立たぬ牛なり。さてさて憎い事をいふて買はせた。大坂の陣では真田ぢやと申したほどに、①さこそ強からうと思ふたれば、からすきは一足もひかず、そのくせに人を見てはかけんとする」と腹立ちて居《を》る。

注4　かけ出でて　かけ出して。
注5　かけんかけん　角で突こう突こうとして。「かける」は、角で突いたり引っかけたりすること。

語意の問いがあるので、逐語訳の前にそれを解こう。

問四　傍線部⑵「ややもすれば」の意味を次の中から選び、記号で答えなさい。
ア、気が向くと
イ、しばらくすると
ウ、どうかすると
エ、油断すると
オ、ゆっくりと

「ややもすれば」は、いまもよ

く使う。『ともすれば』という意味で、正解はウ。

【正解】ウ

問五　傍線部①「さこそ強からうと思ふたれば」の解釈として最も適切なものを次の中から選び、記号で答えなさい。
ア、さぞかし強い牛だろうと思っていたのに、
イ、さらに強くなる牛だろうと思っていたのに、
ウ、確かに強くなる牛だろうと思っていたのに、
エ、戦いには強い牛だろうと思っていたのに、
オ、どの牛より強い牛だろうと思っていたのに、

〈さこそ〜う（＝推量）〉は、『さだめし〜だろう』『さぞ〜だろう』という意味だから、正解はア。

【正解】ア

では、逐語訳だ。
ややもすれば人を見てはかけ出《い》でて、
＝ともすれば人間を見ると駆け出して、
角《つの》にて、かけんかけんとするほどに、
＝角で、突こう突こうとするので、
「何の役にも立たぬ牛なり。」
＝なんの役にも立たない牛だ。
さてさて憎い事をいふて買はせた。
＝やれやれ（売り手は）うまいことを言って（私に）買わせた。
大坂の陣では真田ぢやと申したほどに、
＝『大坂の陣では真田（のよう）だ』と申したので、
さこそ強からうと思ふたれば、
＝さぞ強いだろうと思っていたところ、
からすきは一足もひかず、
＝唐鋤は一歩も引かないし
そのくせに人を見てはかけんとする」
＝そのくせ人間を見ると突こうとすると腹立ちて居《を》る。
＝立腹していた

問三　二重傍線部C「買はせた」・D「申した」の主語を次の中から選び、それぞれ記号で答えなさい。
ア、売主　イ、買主　ウ、牛
エ、からすき　オ、作者

「買はせた」のも「申した」のも売主だね。正解は、CもDもアだ。

【正解】C、ア　D、ア

買い手は、「売り手の口車に乗って失敗した」と怒っていたというのは当然だが、もちろん話はこれで終わるはずがない。このあとどうなるか、予測できるかな？

ある時、かの売主に逢《あ》ふて、「そなたはと(注6)どかぬ嘘《うそ》をついて、人をばかけて、からすきをばひかぬ牛を、真田ぢやといふて売りつけられた」といへば、

注6　とどかぬ嘘　すぐにばれるような嘘。

ある時、かの売主に逢《あ》ふて、
＝ある時、その売り手に出会って
「そなたはとどかぬ嘘をついて、
＝あなたはばれやすい嘘をついて
人をばかけて、
＝私を引っかけて、
からすきをばひかぬ牛を、
＝唐鋤を引かない牛を、
真田ぢやといふて売りつけられた」
＝真田だと言って売りつけなさった」
といへば、
＝と言うと、
買い手は売り手に出会った。すぐに文句を言った。売り手の口上をそのまま繰り返して嘘をなじった（「売りつけられた」の「られ」は尊敬の助動詞だ。だまされたのに、敬語を用いているあたり、この買い手はなかなか教養人だ）。

売主答へていはく、「ii さうであらう。からすきは一足もひくまい。人を見てはかけんとする事は(注7)定《ぢやう》であらう。②されぱこそ真田とは申しつれ。」

注7　定　そのとおり。

問いが2つある。

問一　点線部ii「さうであらう」を現代仮名遣いに改めなさい。

現代では「さう→そう」、「らう

→ろう」だね。つまり「AU」は「OU」になるのだ。 あう→おう かう→こう たう→とう なう→のう はう→ほう まう→もうというふうにね。正解は、「そうであろう」

【正解】そうであろう

問六　傍線部②「さればこそ真田とは申しつれ」について、次の(1)・(2)の問いにそれぞれ現代語で答えなさい。
(1)買主は、どういうことを期待したのですか。
(2)売主は、「真田」と言った理由をどう説明していますか。

(1)を考えよう。買主は牛を購入しようとしたとき、売主にこう尋ねている、「この牛は、力も強く病気もなきか」と。力持ちで健康な牛が欲しかったんだね。

なぜ、そういう牛を手に入れたかったのだろうか。5月になって買主が行ったのは、牛に鋤を装着して田を耕すことだった。解答例をあげよう。

【解答例】購入した牛が健康で力もあり、田を耕すなどの農耕に役に立つこと。

(2)はどうだろう。解答するのは難しいね。じつは問題文はまだ続きがあるのだ。

大坂の陣で真田は、たびたびかけこそしたれ、一足もひいたことはなかつた。その牛もひかぬによりて真田ぢや」といふた。

ワガハイはここでゲラゲラと笑ってしまった。笑えない人のために逐語訳をしよう。

大坂の陣で真田は、
＝大坂の戦争で真田（幸村の軍勢）は、
たびたびかけこそしたれ、
＝しばしば（敵に向かって）突っかかりこそしたが、
一足もひいたことはなかつた。
＝一歩も退いたことはなかった。
その牛もひかぬによりて真田ぢや」
＝あの牛も引かない（こと）真田（と同じ）だ。
といふた。
＝と言った。

笑えたかな？　「引く」と「退く」を掛けたシャレだ。真田軍は敵に突撃していって、けっして退却することはなかったという故実を踏まえて、おもしろい洒落《しゃれ》で締めくくっている。

まあ、中学生のような若い世代の感覚では、ただのダジャレ・親父ギャグにすぎないかもしれない。しかし、これは掛詞に代表される日本語の修辞技巧（＝言葉を美しく磨いて用いる技）として誇るべきものでもある。

では、残しておいた問六の(2)を考えよう。売主が「真田」と言った理由を説明する問題だったね。「引く」と「退く」についてしっかりと書けば正解だ。

【解答例】
真田は大坂の陣でしばしば敵に向かって突きかかっていったが、退くことはまったくなかった。自分が売った牛も唐鋤を一歩も引かないだろう。「ひかない」という点で牛は真田と同じだ、という説明。

こんなつまらないギャグを入試に出すなんて…と言いたくなるかもしれない。だが、お茶の水女子大附属だけではない、慶應義塾も出している。

慶應義塾のギャグはもっと難しい。破れた蚊帳《かや》をネタにしたもので、蚊帳を知らないとまったくちんぷんかんぷんだ。

蚊帳は、蚊よけの道具で、夏、寝るときに部屋のなかに広く吊っておく。その内に布団を敷いて寝ると、蚊が入って来れないので、安眠できるという便利なものだった。いまでも用いている人はいる。

その蚊帳が破れていたらどうなるか。そんな蚊帳を吊っても、なかに蚊が何匹も入ってくるだろう。

——ということを手がかりに、さて、次の問題の駄洒落がわかるかな。

「この蚊帳は我が家の家宝だ。ひじょうにめでたい蚊帳なのだ。」
「こんな破れた蚊帳のどこが？」
「『つるとかめが入る』からだよ」

わかってあははと笑えた人も、わからなくてひどくくやしい人も、今年出題された慶應義塾の問題にチャレンジしてはいかがかな？

ぶつかる ぼくと富士原の思い

ぼくが怒ったワケ

小4のときだった。物事がよくわかっていない子どもであっても、親の状況はなんとなく感じ取れるものだ。数日間家に帰ってきていない父を、「お父さんはお仕事で忙しいのよ」と母はかばっていた。そうまでして、父親の威厳ってものは守らなきゃならないのだろうか、それとも離婚という現実から目を背けて、逃げているだけなんだろうかと、母に対する怒りが湧いてきた。しかし、それ以上に自分たちは父親には「いらない存在」だったんだというショックの方が大きかった。今日は帰ってくるだろうか、と思いながら過ごした日々はそれなりに悲劇の主人公並みの痛みを経験したものだ。「見捨てられた」という痛みがじわじわと日を追うごとに強くなっていった。その後、ある日突然父から電話があったとき、取り乱した母が「どこにいるの!?」と詰め寄っていたり、「死ぬ!? 馬鹿なこと言わないで!」なんて声を張りあげているのも、全部聞こえていた。だから父と母との間になにかあったということが、なんとなくではなく、はっきりとわかってしまった。

何日かたったある日の朝、なんだか人の気配がしたので目覚めると、母が枕元で泣きながら正座をしていた。追い詰められた母は、きっと絶対に選んではいけない究極の選択肢を選ぼうとしていたんだと思う。しかし、それができなかったのだろう。そんな母に対して「かわいそうに」という気持ちももちろんあったが、ぼくには「恐怖」の方が強く植えつけられた。寝首をかかれて他人に人生の終止符を打たれてはたまったものではない。「そんな考えだからうまくいかなかったんだよ」と心のうちで母を責めることによって、「自分が父親から必要とされていなかった」「父親は自分を捨てた」という現実から目を背けていた。逃げた父を責めず、逃げられた母にすべて責任を押しつけて、ぼくはなんとか生きていた。こんな出来事のせいで小4のぼくは、否が応でも「無垢」とか「無邪気」とかいう子どもの世界から飛び出さざるをえなかった。

祥子の話を聞いたとき、そのころのことが思い出されたのかもしれない。ぼくにとっては親が自分の都合で子どもを手放すことは許せなかった。再婚後の生活に祥子が邪魔だと考えているようにしか思えなかったからだ。子が親元を離れて暮らすのは、子が独立していく場合にのみ許されるべきだ。そんな曲がった正義感とシンパシーが、ぼくの語気を荒くさせていたのだろう。

「需要」と「供給」

「でも、本当に祥子がそうしたいと思っているんだったら、私は北海道に行った方がいいと思う。」

ぼくと祥子がおし黙って緊迫した雰囲気のなか、富士原が切り出した。

「親が再婚するかどうかとか関係なしに、祥子が『やりたい』『そうしたい』って思うんだったら、それ応援してくれることに対して、『ありがたい』と思わなきゃいけないんじゃないかしら。」

「ごもっともな意見だね。いつだってオレたち子どもは大人の都合やもくろみに翻弄されても、うわっつらの『お前のしたいように』『お前のために』って言葉にだまされたフリをしなきゃならないんだよな。そう、富士原の言う通り。裏にどんな思惑があろうと、打算があろうと子どもは『ありがとう、お父さん！ あたしを北海道に行かせてくれて！』って言わなきゃならないんだろ？ ヘドが出るよ！」

「そんなうがったものの見方はおやめなさい！」

富士原の語気が荒い。目に涙が溜まっているのが見える。

「…祥子が、祥子自身が自分でそうしたいって思っていることを、どうして応援してあげられないの？」

ツーっと富士原の頬を涙が伝い落ちた。ぼくは富士原を泣かせてばかりだ。男は女の涙に本当に弱い。一気に戦闘モードから離脱させられてしまった。

「…うがってなんかいないよ。応援できないわけじゃない。ただ、祥子が本当にそうしたいのかなって疑問に思うんだよ。親のために自分を犠牲にしているん

宇津城センセの受験よもやま話

宇津城 靖人先生

早稲田アカデミー　特化ブロック副ブロック長 兼
ExiV西日暮里校校長

じゃないかって。心配なんだ。」

　そこでズズーっと音がした。祥子が緊迫感を打ち破るかのように思い切りココアをすすったのだ。

「うーん。どうだろう。あたしは…、うん。親に対して全然気を遣っていないって訳じゃない。うん。それは宇津城君の言う通り。だけど、諒子が言う通り、私自身が北海道に行きたいって気持ちがあることも事実だね。」

　そこまで言うとまた、祥子はズズズーっとココアをすすった。

「適正価格ってやつかな。」

　天井を見上げて、祥子がつぶやいた。

「適正価格？　なんだよそれ。なんで突然社会の話なんだよ？」

「だから、今回は需要曲線と供給曲線が、いい具合にガシッと交差してるってことなんだけど。」

「オレには全然、わかんないよ。富士原はわかる？」

「ううん。わからないわ。」

　祥子はカップをテーブルに置くと、またベッドに飛び乗った。そうして壁に寄りかかって座った。

「えっとね、あたしの『北海道へ行きたい』って願望が『需要』。お父さんが『あたしを北海道に行かせてくれる』ってことが『供給』の1つ目ね。もう1つは、『お父さんの再婚後の生活には、あたしはいない方がスムーズだ』ってことが『需要』で、『あたしはむしろ喜んで北海道に行く』っていうのが『供給』なわけ。ピッタリと『需要と供給』のバランスがとれているでしょ？　だから『適正価格』。」

　そう言って、祥子は壁に寄りかかって座った姿勢のまま、ズルズルと背中を壁に擦りながらごろりと横に倒れた。

「…スカートだから、やめなさいって言っただろ。」

「今度こそ見えた？」

「…ああ。見えた。」

「うむ。正直でよろしい。」

「なに言ってるのよ！　よろしくないわよ！　祥子、ちゃんと隠しなさいよ！　宇津城君もあっち向いて！」

　ぼくは富士原に言われた通りに窓の外に目をそらした。富士原は祥子に布団を掛けて、見えないようにしてるようだ。

「諒子も宇津城君もありがとう。2人ともあたしのことを考えてくれてるって伝わってきたよ。」

　ぼくは視線をまた部屋のなかに戻した。祥子に布団がかかっている。

「もう、決めたんだな。」

　言いながら、じっと祥子を見る。

「うん。もう決めた。」

　祥子も僕を見つめ返してくる。その目には強い意志と輝きが見えた。

「…わかったよ。じゃあお土産は『白い恋人』で。」

「えーっ！　やだよ！　そっちが食べに来てよ！」

「遠いわ！」

「いいじゃない。諒子と2人で旅行がてらさ、遊びに来てよ。」

「そんなお金、普通の中学生は持ってないだろ。」

「高校生になったら頑張ってバイトでもして稼いだらいいじゃん。なに？　諒子どしたの？　なんでモジモジしてんの？」

「い、いや、あの、2人で旅行って…。ちょっと、それは。」

「ハハハハハ！　そこ!?　そこに反応してんの？　いやー、あんたやっぱりおもしろいわ。宇津城君、2人で旅行はちょっとダメだって！」

「ああ、聞こえてるよ！　富士原、オレは1人で行くから大丈夫だ！」

「…いえ、あの、そんなつもりは。あの、絶対に嫌だって意味ではなくて…。」

「もういいよ富士原。それ以上のフォローはかえって辛くなるから…。」

「でも、よかった。初めに2人に話ができて。ちゃんと聞いてほしかったから。時間もらっちゃってゴメンね。」

「話してくれてよかったよ。知らない間に祥子が北海道に行ってたとか聞いたら、オレ『水臭い』ってきっと怒ってたよ。」

「本当に。話してくれてよかった。私も宇津城君と同じ。」

「2人ともありがとう。そう言ってもらえると救われるわ。そういえば、諒子も話があるって言ってなかったっけ？」

　祥子とぼくの視線が富士原に集まる。

　富士原は姿勢を正すとちょっと緊張気味に話し始めた。

「私の話を聞いてもらってもいい？　じつは…。」

東大入試突破への現国の習慣

田中 利周《としかね》先生

早稲田アカデミー教務企画顧問

東京大学文学部卒。東京大学大学院人文科学研究科修士課程修了。文教委員会委員。現国や日本史などの受験参考書の著作も多数。早稲田アカデミー「東大100名合格プロジェクト」メンバー。

慇・懃・無・礼?! 今月のオトナの四字熟語「自由自在」

少し前の回で取り上げた「行雲流水」の説明に登場した「自由自在」という四字熟語について、改めて考えてみましょう。そう、仏教語としての「自由自在」についてです。何ごとにもとらわれない自由な心持ちを目指す立場でしたね。復習してみましょう。禅でいうところの「自由自在」とは、自在に変化できるということ。思い込みによってイメージを固定してしまうと、自在な変化ができなくなってしまうのでしたね。

それでは、この「とらわれない心」を持つということを、今回は具体的に考えてみましょう。

学校生活を送る皆さんにとって、避けては通れない「人間関係」を例にとってみます。中学生の時期には誰にでも当てはまることですが、「あの人は好きだけど、あの人は嫌い」といったように、人間関係においても「好き嫌い」がはっきりと分かれてしまう傾向がありますよね。「好きな人」とはどんな人か？「一緒にいると快適な人」です。「おだやかな気持ちになり、リラックスできる相手」ともいえるでしょう。では、「嫌いな人」とは？「一緒にいると不快な人」です。「緊張を強いられ、ストレスを感じさせられる相手」ですね。これは、頭で判断したことではなく心が感じたことですので、本来この区別は動かしようがないのです。ですから、ストレスの原因となる人物に対して、頭では「なんとかうまく付き合わなくてはいけない」と考えたとしても、それは「無理をしてでも関係を保たなくてはならない」という思い込みに近いものであり、多くの場合、苦痛を伴うことになってしまうのです。心が求めているのではないのですから。この点が、中学生の時期に人間関係で悩むことが多くなる理由なのだと思います。

では、オトナになったならば、そんな悩みは解消されるのか？というと、それほど単純ではありませんが、このように言うことはできます。オトナになれば、そうした好き嫌いの境が薄らぎはじめ、やがて誰とでも自然につきあえるようになっていくものだ、と。「そんな魔法みたいなことがおこるワケないじゃない！」と、思春期の皆さんは思うかもしれません。では、オトナになることで一体何が身につくというのでしょうか？一言でいうならば、それは中庸《ちゅうよう》ということになります。中庸とは、「極端な行き方をせず穏当なこと」を意味する熟語で、どちらか一方に片寄らずに中正であるというスタイルです。このスタイルを身につけているのが、オトナなのですよ。過度な思い込みを排除して、適切なバランスを取れるようになるということです。

こんな風に考えてみてください。君たちが最も「嫌い」であるだろう人物類型に「利己的な人」というタイプが挙げられるでしょう。いわゆる「ジコチュウ」というヤツですね。自分の利得になることばかりを優先して行動するという、わがままな人物ですよね。しかし、ほどほどに利己的であるというのは、自分を粗末にせずに尊重しているということの証なのです。「利己的」という性質が、健全に使われたならば、それは主導的、主体的な行動となり、リーダーシップを発揮して他者を牽引し、社会に貢献する力ともなるのです。また、誰とでも親しく付き合える外向的な性格、というのは君たちが「好ましい」と考える類型でしょうが、これだってどんな場合にでも評価されるとは限らないのです。外向性が過剰になると、多くの人と関係をつくることにだけ躍起になり、その結果それぞれの人とは浅い付き合いしかできなくなります。関係性が散漫、浅薄になってしまうのですね。

「自己を主張する姿勢」が常に悪いということでもなく、また「明るく外向的

国語

Japanese

自分の意見を主張し他人の意見も尊重する 自分も相手も大事にしなくてはなりません。

田中コモンの今月の一言!!

にする」ということが常によいということでもないのです。問題がおこるのは、主張しすぎたり、躍起になってみたりと行き方が極端になる場合なのです。皆さんも、とらわれない「中庸のスタイル」を意識してみてくださいね。

グレーゾーンに照準！ 今月のオトナの言い回し 「挙句の果て」

「挙句」は「あげく」と読みます。意味は「終わり。しまい。いきついた結果」。「挙句の果て」という言い回しで、「色々やってみた最終的な結果」というニュアンスを表します。「果て」というのも「結末」を意味し、重複させることによって最終的な結果であることを強調しているのですね。「思案した挙句に、変更を決定した」などのように、副詞的な使い方もしますので覚えておいてください。

さて、この「挙句」という言葉ですが、元々は何のことであったのかはご存知でしょうか？ 「句」とあるのですから、ピンときて下さいね。そう、日本の伝統的な詩歌の形式である、「五・七・五」の長句と「七・七」の短句を思い浮べて欲しいのです。そして、この長句と短句を交互に連ねてゆくのが「連歌」と呼ばれる文芸のスタイルであることを、確認してみて下さい。最初にある人が五・七・五を詠みますね。コレだけでも一つの文学作品です。その句を味わいつつも、次にある人が七・七を付け足すのです。出来上がったのは五・七・五・七・七ですね。短歌ですよ、立派な。この短歌を鑑賞しつつも、さらにある人が五・七・五を付け加えていくのです。そしてさらに次の人が七・七を…と、一体どこまで続けるのか？ 実に、百句になるまで長句・短句を交互に連ねていくというのが「百韻《ひゃくいん》連歌《れんが》」と呼ばれる形態なのです。

複数の人たちが一つの場に寄り合って行うものなので、「座の文芸」と言われたりもします。その場で創作し、そして他人の歌を鑑賞しながら再び創作、これを繰り返しながら共同でひとつの詩を制作していくという、世界でも類を見ない文学のあり方です。連歌の魅力は、その場に参加している多数の人たちが次々と詠み継いでいく楽しさにあります。別人が詠み継いでいくことによって思いがけない発想や変化も生まれ、いわばゲーム感覚で連歌を楽しんでいた様子が伺えます。

この連歌において、最初に詠まれる「五・七・五」が「発句《ほっく》」であり、そして最後に詠まれる「七・七」が「挙句」なのです。「いきついた結果」を表す言い回しとして、「挙句」という表現が採用されるというのは、きわめて文学的な用法であるということに思い至って下さいね。

さて、この「発句」の部分が独立して、「世界一短い文学」と呼ばれるようになったのが、ご存知「俳句」ですね。俳句の成立に文字通り命をかけて取り組んだ人物こそが正岡子規、その人ですね。「柿食へば鐘が鳴るなり法隆寺」という句は皆さんにもおなじみでしょう。子規の友人であった文豪・夏目漱石の作品『三四郎』の中に、こんな記述がありますよ。「子規は果物が大変好きだった。かついくらでも食える男だった。ある時大きな樽柿を十六食った事がある。それで何ともなかった。自分などは到底子規の真似は出来ない」なんてね。

俳句を生み出した子規ですが、実はその過程で、連歌を否定しているのです。「文学に非《あら》ず」ってね。連歌は多数の人たちが一つの座につどい、一緒になって創作するという「共同の文学」でしたから、個人主義的で「個性」を絶対視する近代文学の理念と相容れなかったのですね。明治という近代日本に生きた子規の、一途に思いつめた考え方が伝わってくるエピソードだともいえます。

楽しみmath 数学!DX

登木 隆司先生

早稲田アカデミー
城北ブロック　ブロック長
兼 池袋校校長

また、$\triangle PAQ=\frac{1}{2}\times\frac{2\sqrt{5}}{5}\times(1-\frac{\sqrt{5}}{5})=\frac{\sqrt{5}-1}{5}$

(3)　△QPD∽△QBAでPD=2、AB=1だから、相似比は2：1。
よって、BQ=xとするとPQ=$2x$
また、PC=PD=2。これより、BC=$3x+2$
△ABC∽△QBAより、AB：QB=CB：ABだから、
$1:x=(3x+2):1$
これを解いて、$x=-1$、$\frac{1}{3}$
$x>0$より、$x=\frac{1}{3}$
よって、BP=1
また、$AQ=\sqrt{1^2-\left(\frac{1}{3}\right)^2}=\frac{2\sqrt{2}}{3}$より、
$\triangle PAQ=\frac{1}{2}\times\frac{2}{3}\times\frac{2\sqrt{2}}{3}=\frac{2\sqrt{2}}{9}$

次は、相似な長方形と三平方の定理の応用です。

問題3

AD=12cmで、横と縦の長さの比が1：$\sqrt{2}$の長方形ABCDがあります。また、この長方形と相似で、面積が半分の長方形EFGHがあります。これらの長方形を、次の図1のように、点E、F、Gがそれぞれ辺AB、BC、CD上にくるように重ね、長方形ABCD上に、長方形EFGHの各辺をかきます。
このとき、次の各問いに答えなさい。　　　　(埼玉・一部改)
(1)　線分BFの長さを求めなさい。
(2)　図2のように、線分EF、FGを折り目として折ったとき、点B、Cの移った点をそれぞれI、Jとします。同様に、線分GHを延長した線分を折り目として折ったとき、折り目の線をGK、点Dの移った点をLとします。また、点Eを通る線分を折り目として、線分EAが線分EL上に重なるように折ります。
このとき、四角形EIJLの面積を求めなさい。

[図1]

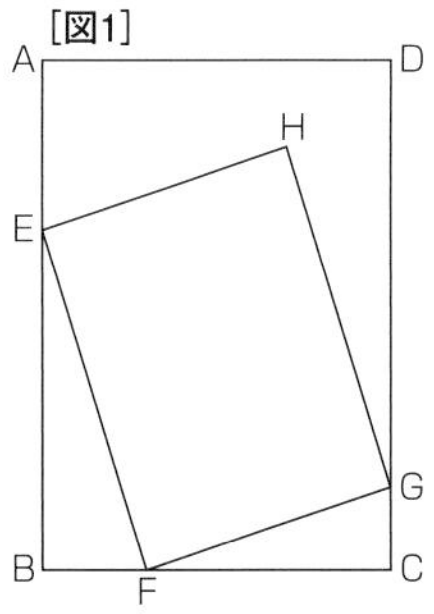

[図2]

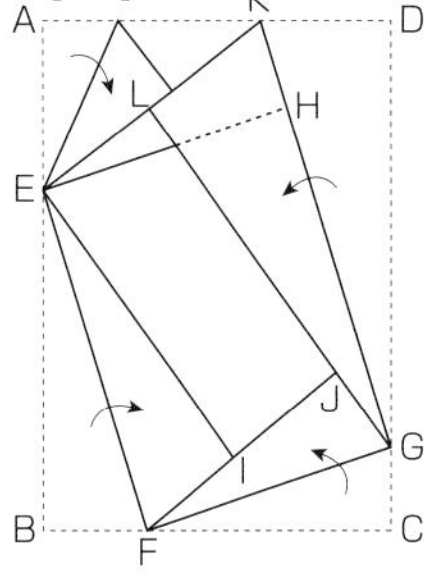

<解き方>

(1)　長方形ABCDにおいて、横と縦の長さの比が1：$\sqrt{2}$であることから、AB=$12\sqrt{2}$(cm)。
長方形EFGHにおいて、長方形ABCDと相似であることから、FG：EF=1：$\sqrt{2}$。これより、△EBFと△FCGの相似比も1：$\sqrt{2}$。
さらに、FG=x(cm)とすると、EF=$\sqrt{2}x$(cm)。その面積が、長方形ABCDの半分であることから、
$\sqrt{2}x^2=12\times12\sqrt{2}\times\frac{1}{2}$
これより、FG=$x=6\sqrt{2}$(cm)。また、EF=12(cm)(注1)
FC=y(cm)とおくと、BF=$12-y$(cm)。また、△EBF∽△FCGより、EB=$\sqrt{2}y$(cm)だから、△EBFにおいて、三平方の定理より、
$(\sqrt{2}y)^2+(12-y)^2=122$
これより、$2y^2+144-24y+y^2=144$
これを解いて、$y=0$、8
$y>0$より$y=8$
よって、BF=12−8=4(cm)
(注1)相似な図形の面積比が2：1だから、辺の比は$\sqrt{2}$：1になることを利用してもいいです。

(2)　△FCG∽△GDKとなるので、∠BEF=a°とすると、
∠CFG=∠DGK=a°
折り曲げた部分は、もとの部分と合同だから、
∠BEI=∠CFJ=∠DGL=$2a^\circ$
よって、直線EI、FJ、GLは、それぞれ、直線AB、BC、CDを$2a^\circ$ずつ回転したものと見ることができるので、
直線EI⊥直線FJ、直線EI//直線GL　……①
さらに、CG：BF=1：$\sqrt{2}$だから、(2)よりCG=$2\sqrt{2}$(cm)
よって、DG=$10\sqrt{2}$(cm)
ゆえに、LJ=LG−JG=DG−CG=$8\sqrt{2}$(cm)
また、EI=EB=$\sqrt{2}$FC=$8\sqrt{2}$(cm)
よって、EI=LJ　　……②
①、②より、四角形EIJLは、1組の対辺が平行で長さが等しく、かつ∠EIJ=90°だから、長方形である。(注2)
ここで、EI=$8\sqrt{2}$(cm)、IJ=FJ−IF=FC−BF=8−4=4(cm)より、四角形EIJLの面積は、$32\sqrt{2}$(cm^2)
(注2)実際の試験では、1：$\sqrt{2}$の用紙が与えられていますので、その用紙を折ることによって、等しい角や辺を見つけて、四角形EIJLが長方形であることを発見させる意図の問題といえるでしょう。ふだん使っているA4の用紙などは、この問題と同じ1：$\sqrt{2}$の長方形ですから、それを利用して確認してみてください。

三平方の定理を学習することによって図形の問題は、上で見てきたような線分の長さや面積を計算するものが中心になってきます。問題を数多く練習することで、正確な計算力と図形の基本定理の定着度の両面を充実させていきましょう。

数学
Mathematics

三平方の定理を使った長さや面積を問う問題

今月は三平方の定理とその応用を学習します。

三平方の定理とは、直角三角形の斜辺の長さをcとし、その他の辺の長さをa、bとしたとき、

$a^2+b^2=c^2$

という関係が成り立つことをいいます。この定理によって、辺の長さから図形の高さや対角線の長さを求めたり、座標平面上の2点間の距離を求めたりすることができるようになります。

三平方の定理の応用としては、次の特別な三角形に関する問題や相似な図形との複合問題などが多く出題されています。

特別な三角形(三角定規)

＊45゜の角をもつ直角三角形(直角二等辺三角形)

⇕

辺の比は1：1：$\sqrt{2}$

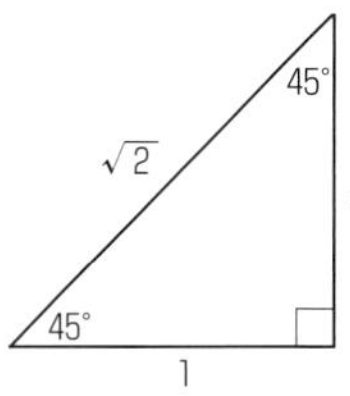

＊30゜、60゜の角をもつ直角三角形

⇕

辺の比は1：2：$\sqrt{3}$

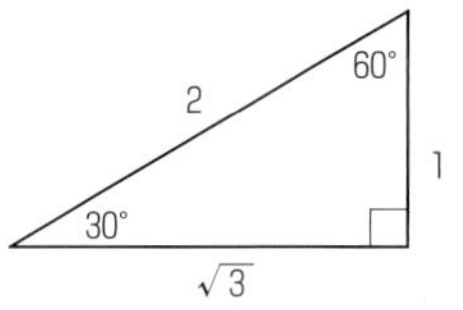

次の問題は、隠された上の三角定規の形を見つけることが手がかりとなる問題です。

問題1

右の図で、△ABCは辺ACの長さが$2\sqrt{7}$ cm、∠ABC＝90゜、AB：BC＝2：$\sqrt{3}$の直角三角形である。また、△ABDと△BCEは正三角形である。

(成城・一部改)

(1) 辺ABの長さを求めなさい。

(2) 線分DEの長さを求めなさい。

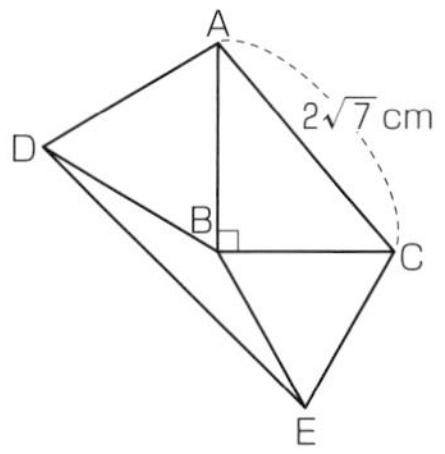

＜解き方＞

(1) AB：BC＝2：$\sqrt{3}$より、AB＝$2x$、BC＝$\sqrt{3}x$とおくと、三平方の定理より、$(2x)^2+(\sqrt{3}x)^2=(2\sqrt{7})^2$

これを解いて、$x=2$

よって、AB＝4(cm)

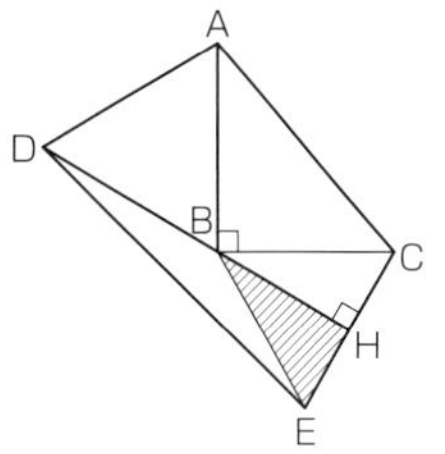

(2) 右の図のように、辺DBの延長と辺ECとの交点をHとすると、∠DBH＝180°、∠ABD＝60°から∠CBH＝30°となり、△BEHは30°、60°の角を持つ三角定規の形になる。また、(1)より、BE＝BC＝$2\sqrt{3}$。よって、BH＝$\frac{\sqrt{3}}{2}$BE＝3より、DH＝7。また、EH＝$\frac{1}{2}$BE＝$\sqrt{3}$。ゆえに、△DEHにおいて、三平方の定理より、

$DE^2=DH^2+EH^2=7^2+(\sqrt{3})^2$

これより、DE＝$2\sqrt{13}$(cm)

続いて、相似な図形と三平方の定理の応用を見ていきましょう。

問題2

図1のような∠A＝90゜、AB＝1である直角三角形ABCがある。図2のように、この三角形を、線分APを折り目として、PD//ABとなるように折る。点Pは辺BC上の点であり、点Dは点Cが移った点である。また、線分ADと線分BPとの交点をQとする。

(久留米大学附設)

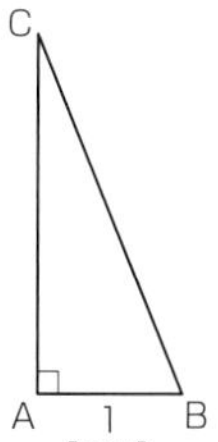

【図1】

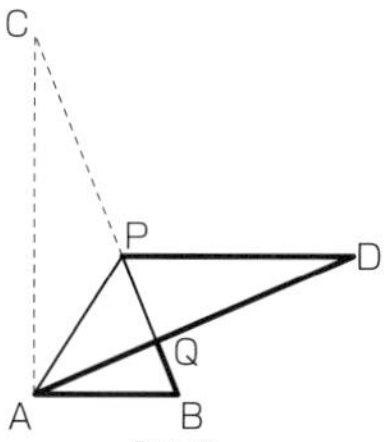

【図2】

(1) AD⊥BPであることを証明せよ。

(2) AC＝2のとき、線分BPの長さと、△PAQの面積を求めよ。

(3) PD＝2のとき、線分BPの長さと、△PAQの面積を求めよ。

＜解き方＞

(1) △ABCにおいて、∠A＝90゜だから、∠B＋∠C＝90゜

PD//ABより、錯角は等しいから、∠DPQ＝∠B

また、折り曲げたときに重なる角だから、∠D＝∠C

よって、∠DPQ＋∠D＝90゜

これより、△QPDにおいて、∠PQD＝180°−90゜＝90゜

したがって、AD⊥BP

(2) (1)より、△QPD、△QBAは△ABCと相似な直角三角形であり、△ABCにおいて、三平方の定理より、BC＝$\sqrt{5}$となるので、これらの三角形の3辺の比は、1：2：$\sqrt{5}$である。

よって、BQ＝$\frac{1}{\sqrt{5}}$AB＝$\frac{\sqrt{5}}{5}$

また、AQ＝$\frac{2}{\sqrt{5}}$AB＝$\frac{2\sqrt{5}}{5}$、AD＝AC＝2より、

DQ＝$2-\frac{2\sqrt{5}}{5}$

よって、PQ＝$\frac{1}{2}$DQ＝$1-\frac{\sqrt{5}}{5}$

したがって、BP＝$\frac{\sqrt{5}}{5}+(1-\frac{\sqrt{5}}{5})=1$

川村 宏一 先生
早稲田アカデミー
教務部中学課 上席専門職

サクセス出版 英語ことわざ辞典

A nod is as good as a wink to a blind horse.

今回のことわざは、身体の動作を英語でどのように言うかについても勉強になる。そんなことにも注目しながら訳してみよう。

まず、文頭に出てくる英単語‘nod’は、首を縦に振る動作のことで「うなずく」という意味だ。同意することを表す動作だね。もうひとつ、目の動きを表す‘wink’は訳すまでもないかもしれないが、「ウインクする」、「すばやくまばたきをする」ということ、日本語にすると「めくばせ」という意味に近い。

さて、次は、この英文の文法に注目してみよう。原級の表現‘A is as ～ as B’が使われている。‘He is as old as she.’「彼は彼女と同じぐらいの年齢だ」などと使う。しかし、‘A is as good as B’だから、「AとBは同じくらいよい」と訳せばいいと早まってはいけない。ここが大事だ。‘as good as’は「(ほとんど)～と同じ、同様」という熟語で、英単語の‘almost’や‘nearly’と近い意味になる。たとえば‘The job is as good as finished.’では「仕事は終わったも同然だ」という意味だ。

だから、この英語のことわざを頭から訳すと、前半部分は「うなずきとウィンクはほとんど同じだ」となる。さらにその後ろに‘to a blind horse’と続くから、‘a blind horse’=目が見えない馬にとっては、うなずきとウィンクは同じだと言っているとわかる。つまり、うなずいてもめくばせしても、目が見えない馬にしてみたら、違いが分からず、同じことだというわけだ。

この意味に近い日本語のことわざは、「馬の耳に念仏」。いくら馬に念仏を聞かせても、さっぱり意味を理解しないことから、意見を言っても効果がないことをたとえている。結果を焦りすぎると、周りの声が聞こえなくなることがあるけれど、ときどき足元をしっかりと見て、必要なアドバイスやヒントに耳を傾けることも大切だね。

something extra

似た意味を持つ英語のことわざには、‘It is like water off a duck's back.’(それは、アヒルの背中に水を流しても、羽が水をはじいてしまうようなものだ)がある。つまり、意味がないよ、ということ。「馬耳東風」や「ネコに小判」という日本のことわざにも通じるニュアンスが感じられるものだね。

あれも日本語 これも日本語

剣道・剣術から生まれた言葉

スポーツの秋だけど、今回は剣道や剣術から生まれた日本語についてみてみよう。

「鎬《しのぎ》を削る」はよく使われるけど、剣術から出た言葉なんだ。鎬とは刀の峰に沿って盛りあがっている部分だ。刃と峰の間の上の部分だね。刀を抜いて戦うと、刀と刀がぶつかるけど、そのぶつかる部分が鎬なんだ。そこから「鎬を削る」とは激しく戦うことをいうようになり、さらに激しく争うこともいうようになったんだ。

「A君とB君は、学校代表の座をかけて鎬を削っている」なんて使い方をする。

似たような内容だけど、「鍔《つば》ぜり合い」というのもある。鍔は刀の柄《つか》と刀身の間にある鉄板。滑って自分の手を刃で切ってしまったり、相手の刃が自分の手を切らないための防具の役目も果たしている。戦う2人の鍔がぶつかるほどの激しい接近戦のことをいうんだ。

「選挙でC候補とD候補は激しい鍔ぜり合いを演じています」なんて使う。

「切羽《せっぱ》つまる」も剣術用語から出た言葉。切羽は刀の鍔を柄に固定するための薄い金具のことなんだけど、これがつまってしまうと、刀を抜こうとしても抜けなくなってしまう。敵が襲ってきても、切羽がつまって刀を抜けなければ、斬られてしまう。そこから、物事がどうにもならなくなることや、最後の土壇場的状況をいうようになったんだ。「夏休みの宿題をまったくしなかったので、提出日前日に、切羽つまってしまった」なんて言い方もできる。身に覚えはないかな。

「隙《すき》をつく」も本来、剣道用語なんだ。竹刀《しない》を持って向き合って、相手に隙があれば、すかさず打ち込む。それが「隙をつく」。いまでは剣道だけではなく、「相手の隙をついてゴールを決めた」というように、サッカーなど他のスポーツでも使う。まさに「隙あり」だ。

「相打ち」も剣道用語だ。双方が同時に打つことで、引き分けとの意味もある。「間合い」は相手との距離のこと。剣道だけではなく、柔道や相撲などの格闘技で使われる。「彼との間合いの取り方が難しくて」なんて、人間関係を指す場合もあるね。

共立女子第二高等学校

教育制度改革・新校舎移転
〜未来へのチャレンジ〜

東京
八王子市
女子校

緑豊かな八王子の丘陵地。旧共立女子大学キャンパスを全面リニューアル、広大な敷地を贅沢に独占する共立女子第二高等学校の新校舎が完成しました。また、新教育課程を念頭にした「教育制度改革」も順調に進んでおり、進学校としての機能を強化しつつ、のびやかでしなやかな女性の育成を目指す教育をさらに深化させています。

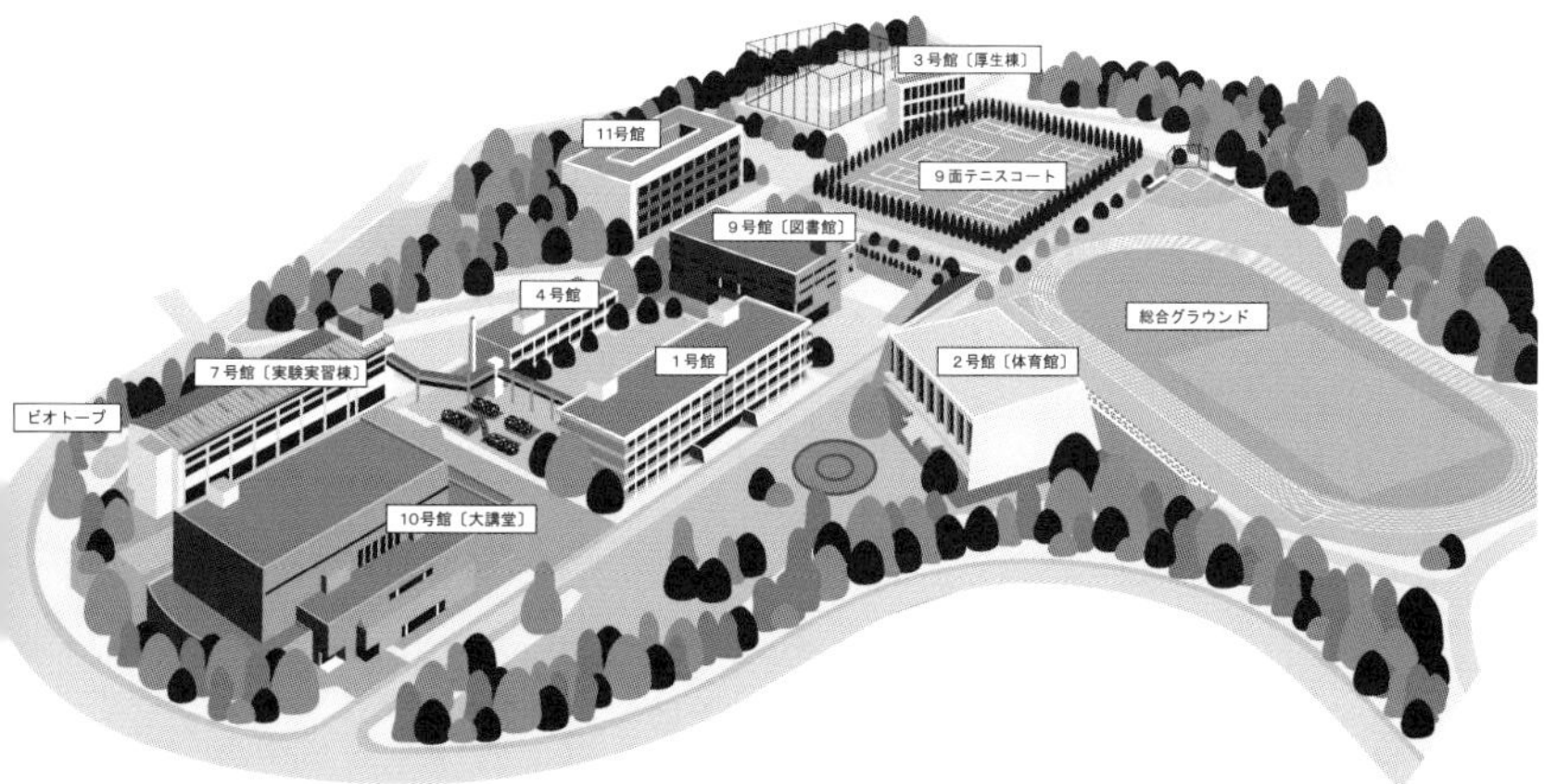

■新校舎はすべてがカレッジ水準

この春お目見えした新校舎内部は、恵まれた自然環境に溶け込むように、いたるところに木の温もりが漂います。キャンパスの中央部への校舎移転によってグラウンドや大講堂にも近くなり、より効率よく授業やクラブ活動が行われるようになりました。

職員室のある1号館は各階にオープンスペースが設けられ、休み時間や放課後には生徒が集い、先生にじっくりと質問や相談できる空間になっています。1、4、9号館にぐるりと囲まれた、バラ園も広がる美しい中庭。ブラウジングコーナー、文芸図書コーナー、学習閲覧室など、多彩な顔を持つ広い図書館。さらに自習室やランチコーナーなども新たに設置され、生徒一人ひとり、いつもどこかに居場所がある、そんな居心地の良いキャンパスとなっています。

■「ＥＬＬＥ」とのコラボで誕生した新制服も好評

２０１１年度よりデザイナーズブランド「ＥＬＬＥ」と共立女子第二とのコラボレーションユニフォームが採用されました。高校生の制服は落ち着いたグレー×縦長のパイピングで女性らしいデザインとなっています。正装のスカートが光の加減でチェック柄が浮き出る美しい昼夜柄になっていたり、シャツの前たて部分にも桜色を施していたり、ちょっとしたところにもおしゃれの気配りが感じられる制服です。「Peter MacArthur」のタータンチェックの替えスカート、セーター、ベストなどバリエーションも豊富に用意されています。

■幅広い進路志望に対応する新教育制度

より付加価値の高い「進学校」を目指して、カリキュラム改革にも乗り出しています。高校１年次におけるＳ（標準）クラス・ＡＰ（特進）クラスの分割、高２・高３におけるコース制導入などはすでに実施されていますが、平成24年度入学生より、さらに幅広いコース選択を可能としました。高校２年では「文系」「文理系」「文系特進」「国立文系」「理系」の５コース、高校３年では「理系」がさらに「国立理系」と「私立理系」に分かれ、計６コースからの選択となります。

なお、大学受験時においては「併設校特別推薦制度」がたいへん有効に活用されています。これは共立女子大学・短期大学の推薦入試による合格を獲得しつつ、さらに外部大学の受験を可能とする制度です。この制度をうまく使うことにより、安心して難関大学にもチャレンジできます。

【平成24年度入学生からの新しいコース設定】
高校２年より各コースに分かれます。理系コース選択者は、高校３年でさらに分かれます。

文系コース	私立大文系受験コースです。芸術系への受験にも対応しています。
文理系コース	私立大（社会学部系・家政系・看護系）受験コースです。
文系特進コース	私立難関大（文系・社会学部系）受験コースです。
国立文系コース	国公立大文系受験コースです。
理系コース	理系（薬・理工・医学）受験コースです。3年次で国立・私立に分かれます。
国立理系コース	3年における国公立大理系受験コースです。
私立理系コース	3年における私立大理系受験コースです。

■給付奨学金制度　〜もう一つのモチベーション

高校入試においては、一般入試の合計点得点率により入学金や授業料等を免除する「給付奨学金制度」も設けています。入学金および授業料・施設設備費を３年間免除するＳ奨学生をはじめとし、得点率によりいくつかのパターンが用意されています。なお、推薦入試ですでに合格している受験生は一般入試を奨学生選抜試験として受験することができます。特に人数制限もありませんので、基準を満たせば何人でも選出されます。受験に向けてのさらなるモチベーションにして欲しい制度です。

■学校説明会（予約不要）
10月29日（土）　14:00〜（個別相談あり）
11月26日（土）　14:00〜（個別相談あり）
※個別相談：ご希望の方は受付で整理券を受け取ってください。説明会終了後、番号順に相談を実施します。

■個別相談会（要予約）
12月 3日（土）　9:00〜12:00
12月10日（土）　9:00〜12:00
※受験生・保護者対象の個別相談会です。15分程度の時間を予定しています。電話でご予約の上、成績の資料等をご持参ください。
（電話　042-661-9952）

共立女子第二高等学校

〒193-8666 東京都八王子市元八王子町 1-710
tel.042-661-9952　e-mail.k2kouhou@kyoritsu-wu.ac.jp

http://www.kyoritsu-wu.ac.jp/nichukou/

JR 中央線・京王線高尾駅より徒歩 5 分の学園バスターミナルよりスクールバスで約 9 分。
JR 中央線八王子駅南口ロータリーよりスクールバスで約 20 分。

ＪＲ八王子駅南口より スクールバス運行開始！！　9月〜

共立女子第二高等学校の玄関前まで約 20 分！
JR・京王線高尾駅の学園バスターミナルからも運行継続！

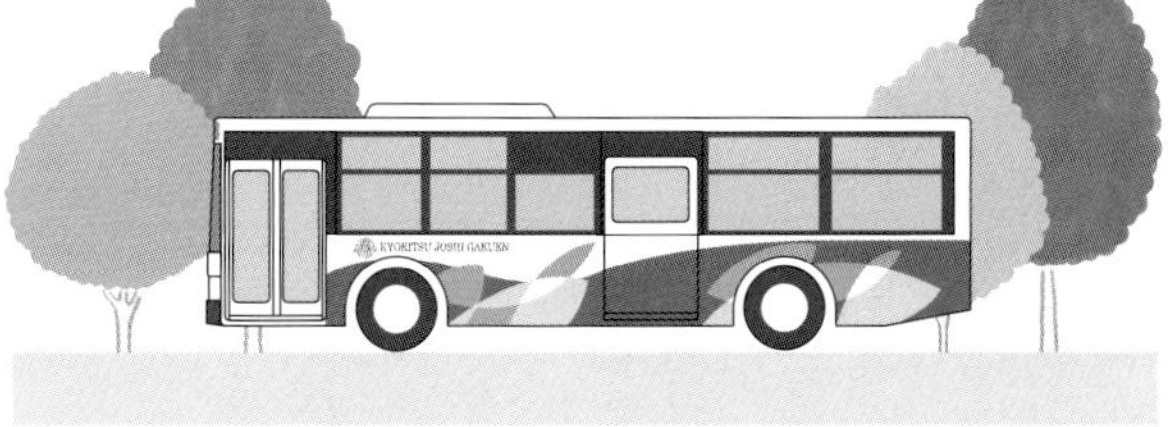

みんなの数学広場

問題編

中1～中3までの各問題に生徒たちが答えています。
どの生徒が正しい答えを言っているか当ててみよう。
もちろん、当てずっぽうじゃなく、実際に問題を解いてみてね。

TEXT BY かずはじめ
数学を子どもたちに、楽しく、わかりやすく、使ってもらえるように日夜研究している。好きな言葉は、"笑う門には福来たる"。

●答えは62ページ

中3

広場に6人の子どもがいます。
3人ずつ、2組に分ける方法は何通りですか？

答え
Ⓐ→ 1通り！

好きな人たちに分かれるんでしょ?

答え
Ⓑ→ 6通り！

3人ずつ2組に分かれるから、
3×2=6だよ

答え
Ⓒ→ 10通り！

実際に数えたよ!

中2

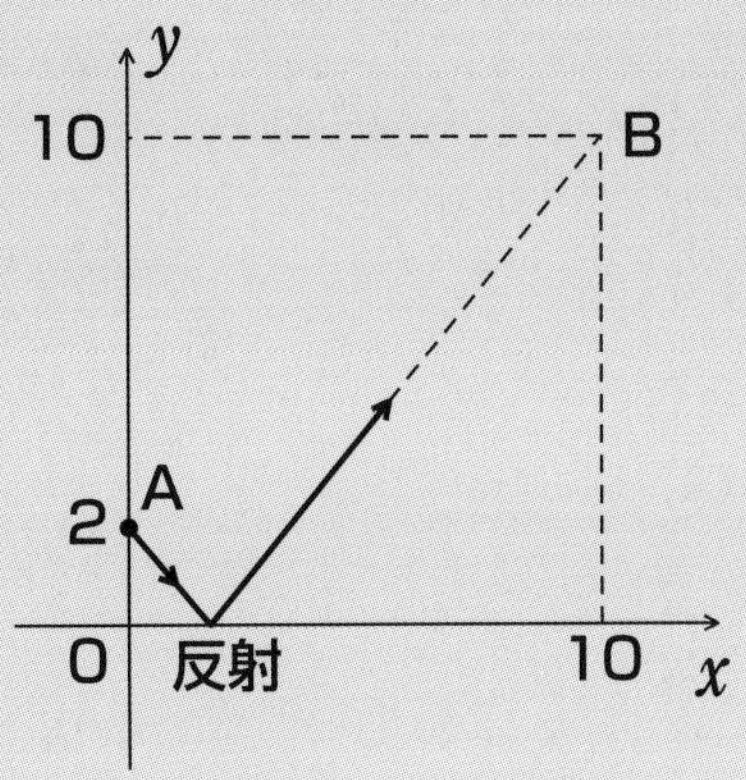

図のように、A(0, 2)を出た光がx軸で反射してB(10,10)を通るとしてx軸での反射点の座標を求めましょう。

答え

A 反射点は(2, 0)

これは見た目通りです!

答え

B 反射点は$(\frac{5}{3}, 0)$

これは計算通りです!

答え

C 反射点は$(\frac{8}{3}, 0)$

これは予想通りです!

中1

ある2桁の数をA、
このAの2桁の数字を入れ替えた数をBとします。
A＋Bに必ず成り立つ性質は、どれでしょう。

答え

A 3の倍数になる!

きっとこれ!!

答え

B 11の倍数になる!

そんな気がする!

答え

C 13の倍数になる!

聞いたことがある!

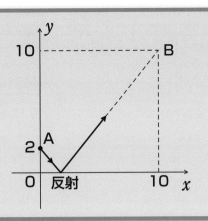

みんなの数学広場

解答編

中3

正解は　答え C

子どもたち6人を、①②③④⑤⑥としてみると…

①②③	と	④⑤⑥	10通り
①②④	と	③⑤⑥	
①②⑤	と	③④⑥	
①②⑥	と	③④⑤	
①③④	と	②⑤⑥	
①③⑤	と	②④⑥	
①③⑥	と	②④⑤	
①④⑤	と	②③⑥	
①④⑥	と	②③⑤	
①⑤⑥	と	②③④	

片方の３人組の組み合わせを決めれば、もう片方の組は残った３人になりますね。樹形図で書くと、以下のようになります。

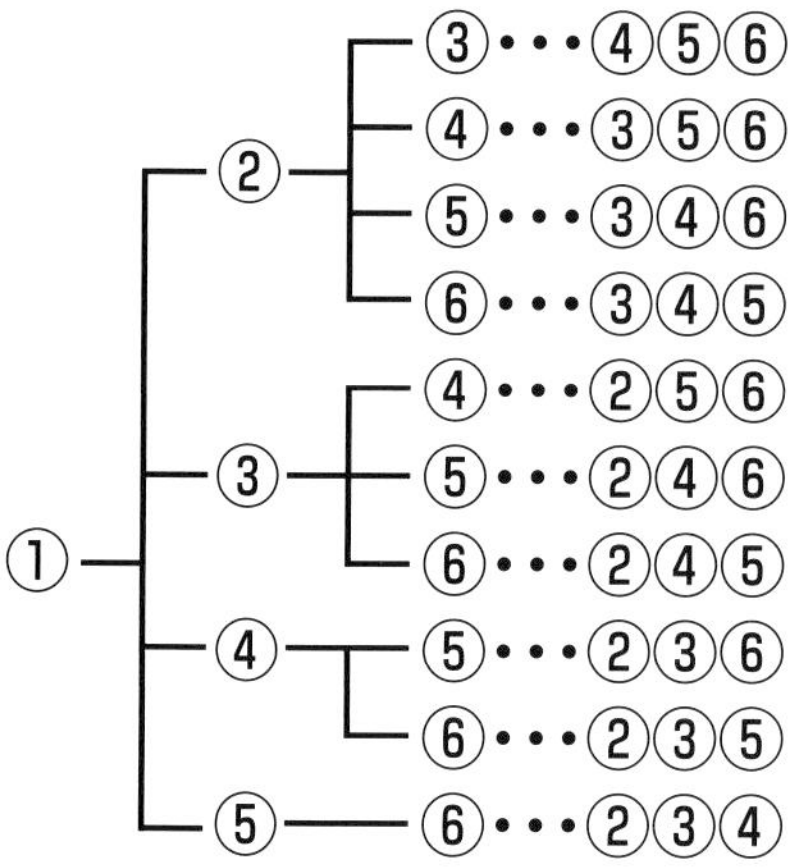

答え A を選んだキミ

それはないでしょう！

答え B を選んだキミ

なぜかけ算をするの？

中2

正解は　答え B

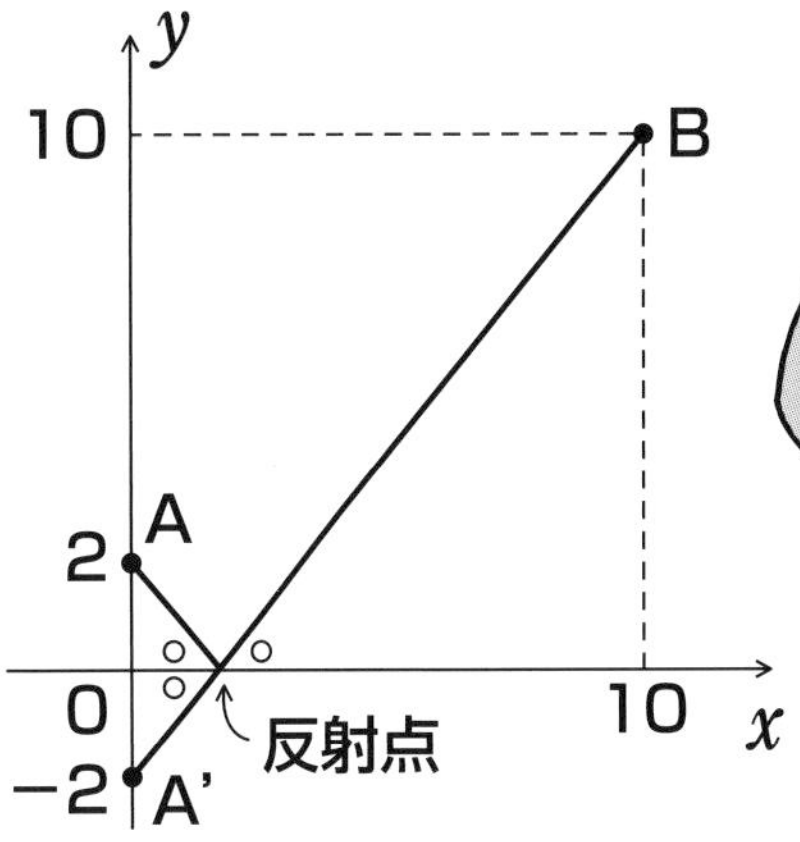

小学生のときにやった光の反射を思い出してください。

A(0, 2)をx軸対称移動してその点をA'(0, −2)とします。
このA'とBを結んだときのx軸との交点が反射点です。

A'Bは$y=\frac{6}{5}x-2$ですから、
反射点は$y=0$として$x=\frac{5}{3}$となりますね。

答え A を選んだキミ

見た目では数学とは言えません!

答え C を選んだキミ

予想は大切ですが、それが正しく
証明できて初めて数学になります。

中1

正解は　答え B

	10の位	1の位		10の位	1の位	
A=	x	y	B=	x	y	とおくと

$A=10x+y$
$B=\quad x+10y$と書けます。

$A+B=(10x+y)+(x+10y)$
$=11x+11y$
$=11(x+y)$
つまり11の倍数ということになります。

答え A を選んだキミ

$x+y$が3の倍数ならば
そうなります。

答え C を選んだキミ

いったいどこで聞いたの!?

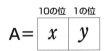

東京女子大学

現代教養学部人文学科2年

松《まつ》田《だ》侑《ゆう》子《こ》さん

ぜひ、VERA祭に来て楽しんでください

英語が好きで英語文学文化専攻を選択

—どうして人文学科を受験したのですか。

「英語でのコミュニケーションが好きだったので、大学受験ではいろいろな大学の、英語コミュニケーション学部や英語文学がある大学を中心に受験しました。そして東京女子大（以下、東女）の人文学科の英語文学文化専攻を選択しました。」

—どんなことを勉強していますか。

「1年生のときは一般教養の人文学基礎演習など、人文学科の必修科目が多かったのですが、2年生になって英語文学文化専攻の必修科目や英文法、英語学などの基礎的専門知識を学んでいます。また、リーディング以外はすべて自分の選択した科目になり、さまざまな国出身のネイティブスピーカーによる講義が多くなりました。」

—英語が好きということで、留学などはしましたか。

「留学したいのですが、まだしていません。今年の夏休みに留学した友だちから、『留学はいいよ！』と言われて、大学在学中に留学したいと考えています。大学で募集していますが定員があるので、そのためにも成績をよくして、選ばれるようにしたいです。」

—女子大に進学するのに抵抗はなかったですか。

「中・高と女子校だったので、東女に進学することに抵抗はなかったですね。高校時代は楽しかったのできっと大学も楽しいだろうと思い選択しました。」

—東女は、学生がどれくらい在籍しているのですか。

「英語文学文化専攻は、専攻のなかでは1学年130名くらいで一番人数が多いのですが、人文学科哲学専攻などは40名くらいしかいません。しかも、東女には、学部は現代教養学部の1つしかなく、学科も人文学科、国際社会学科、人間科学科、数理科学科の4学科しかありませんので、ほかの大学と比べると人数は少ないと思います。」

—サークルには所属していますか。

「東女は、東大、早大、慶應大とのサークル交流が盛んで、そのなかで、早大のフットサルサークル・

本館
正門をくぐると、まず目の前に見えるシンボル的な建物。長く図書館として利用されていましたが、現在は新渡戸記念室があります。白亜の壁には「QUAECUNQUE SUNT VERA（すべて真実なこと）」の文字が刻まれています。

Espiga（エスピーガ）に入っています。週1～2回程度の活動で人数は60～70人くらい所属しています。練習はもちろん、大会やクリスマスパーティー、スノボー合宿などがあり楽しいサークルです。」

友だちに誘われて VERA祭実行委員に

――フットサル以外のサークルには入っていますか。

「サークルではないのですが、VERA祭（文化祭）実行委員会に入っています。中高ではそういう活動をしていなかったのですが、大学の文化祭は中高と違って規模も大きく楽しそうで、しかも友だちに『楽しいから入ってみなよ』と誘われ1年生の4月に入りました。実際に入ってみて、1～3年生全体で人数も多くて楽しいですね。会計、広報、渉外、企画、総務、編集の6つに分かれてそれぞれ仕事をしています。私は広報を担当しており、夏休み前には、企業に広告掲載のお願いの電話をしたり、メールを送ったりしています。

VERA祭直後にはお店を借りて、お疲れさまパーティーをしたり、2月には1泊2日で合宿をしたりします。昨年は2日間で来場者が1万人を超え、たくさんの人を迎えることができました。」

――VERA祭の「VERA」とはどういう意味なんですか。

「新約聖書のラテン語の一節『QUAECUNQUE SUNT VERA』（すべて真実なこと）を意味していて、1977年（昭和52年）にここから改称してVERA祭になりました。」

Espiga（エスピーガ）
Espigaとは、スペイン語で「穂」という意味があり、早大の校章の稲穂をイメージして名前をつけられた。

――今年はいつ開催されるのですか。

「11月の12日と13日に2日間開催されます。」

――今年の目玉はなんですか。

「毎年なのですが、今年もミスコンは目玉ですね。候補者選抜は他薦はあまりなく、ほとんどが立候補です。当日はすごく盛りあがるのですが、実行委員は運営などで忙しくて見られないのが残念です。

芸能人のトークショーもあり、初日は塚本高史さん、2日目は加藤夏希さんが来校します。毎年、トークショーのチケットを買うのにも並びますので、ご希望のかたは早めに購入してください。

また、今年は「DANSO☆甲子園」といって、東女生が男装をして№1DANSOクイーンと準DANSOクイーンを投票で決定します。

今年は、昨年よりも楽しい企画が増えているので絶対に楽しめます！」

――最後に受験生にアドバイスをお願いします。

「英語は毎日長文を読んで、単語帳を見て覚えていましたね。私の場合は自分のやり方ではなくて、学校や塾の先生から言われたやり方で勉強していました。

ぜひ、1度受験勉強の息抜きに大学の文化祭に来てみてください。」

(C)TWCU

学校説明会

平成 23 年

10/22(土) **11/5**(土) **11/19**(土) **11/26**(土)

午後 2 時より　午後 2 時より　午後 2 時より　午後 2 時より

対象／保護者・受験生（事前届出・電話予約等は不要です）

会場／國學院高等学校

（上記4回は同じ内容です。ご都合のよい日をお選びください）

体育祭

平成 23 年

6/8（水）

（一般の方は参観できません）

文化祭

平成 23 年

9/18（日）・**19**（月）

会場／國學院高等学校

（参観できます）

※学校見学は随時可能です。受付／午前9時～午後3時（平日・休日とも）

（事前届出・電話予約等は不要です）

國學院高等学校

〒150-0001　東京都渋谷区神宮前2丁目2番3号　Tel：03-3403-2331（代）Fax：03-3403-1320

http://www.kokugakuin.ed.jp

駅からの所要時間

- 銀座線「外苑前駅」より徒歩5分
- 総武線「千駄ヶ谷駅」より徒歩13分／「信濃町駅」より徒歩13分
- 大江戸線「国立競技場駅」より徒歩12分
- 副都心線「北参道駅」より徒歩15分

教えて マナビー先生

世界の先端技術 バイオテクノロジー

教室の理科実験でも「DNAの抽出」が行えるようになってきた（写真は小野学園女子中学校３年生の実験の様子～2011年９月）

プロフィール

日本の某大学院を卒業後、海外で研究者として働いていたが、和食が恋しくなり帰国。しかし、科学に関する本を読んでいると食事をすることすら忘れてしまうという、自他ともに認める“科学オタク”。

動植物や微生物を利用し 人間の生活に役立つ技術

「バイオテクノロジー」という言葉は聞いたことがあるよね。では、どんなところでバイオテクノロジーの技術が使われているだろうか。

例えば、糖尿病になるとインシュリン注射が必要になる。以前は豚のインシュリンを使っていた。ところが、豚のインシュリンでは人間の体内で作られたものと同じようには働いてくれず、患者さんの苦しみを取り除くことはできなかったんだ。いまはバイオテクノロジーの助けを借りて、大腸菌に人間のインシュリンのクローン（複製）を作らせることができるようになった。ほぼ人間の作るインシュリンと同じものが使えるようになり、糖尿病になっている多くの人が恩恵を受けている。こうしたクローン技術が開発されたおかげで、いまでは各種の物質がバクテリアを使用して複製できるようになっている。またこの手法を使って、人間の病気の基礎研究も続けられているよ。

理科を学ぶとき、学校ではさまざまな実験をするよね。実験で科学が身近になり、興味を持ち、その分野に進もうとしている人もいると思う。バイオテクノロジーの分野でも多くの科学者の卵を育てようと、遺伝子のコピーや操作など実験を重視した新しい試みが始まっている。

企業でしかできなかったバイオテクノロジーの実験が学校の教室でもできるようになってきている。PCR（Polymerase Chain Reaction）と呼ばれるDNAの複製手法だ。

DNAは２本の対《つい》になった塩基配列になっている。DNAは高熱の環境に置くと分離して２本の鎖状のものに分かれる。そのあと、少し温度を下げ、高温の環境に生息している特殊なバクテリアから分離した酵素を使うと、２本それぞれに対応した塩基が結合し、元と同じDNAを作ることができる。同じものが２倍になるわけだ。

この過程を繰り返すことでDNAを大量に複製することができるんだ。これがバイオテクノロジーの基礎となったすごい発明だった。最終的には、作った大量のDNAを使い、バクテリアに目的のものを作らせることができる。この手順を自動的に行う装置も安く提供されてきた。理科の実験レベルで遺伝子操作までできるようになったんだね。君たちの学校でもバイオテクノロジーの実験ができる日がすぐ来ると思うよ。

親と子の受験勝利学

A5版　224ページ
定価　1,470円（税込）

合格力を高める
45のアドバイス

好評発売中

辻　秀一　著

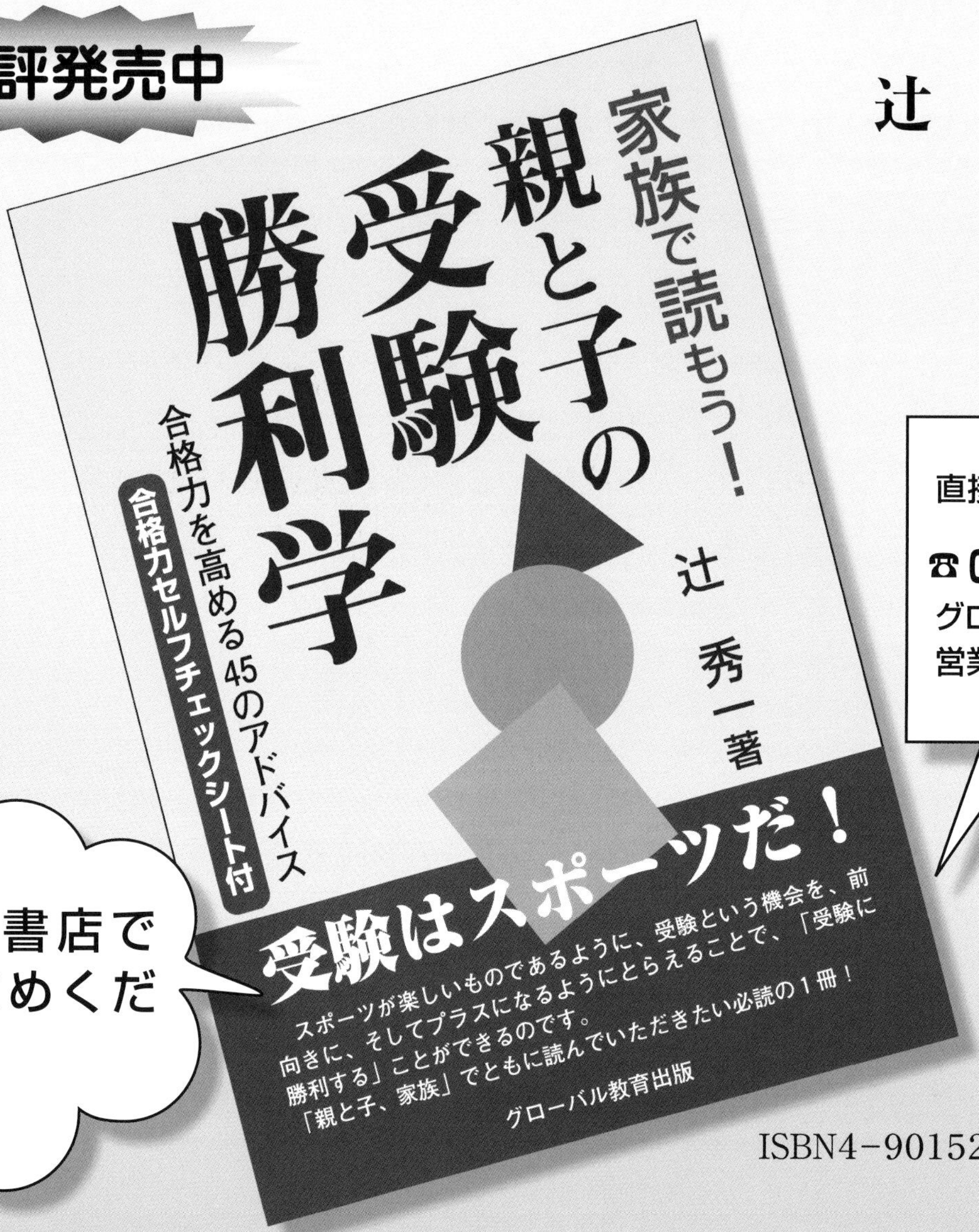

直接購入ご希望の方は
☎ 03-3253-5944
グローバル教育出版
営業部まで

全国書店でお求めください

ISBN4−901524−94−1

スポーツ心理学とスポーツ医学の専門家であり、自らも中学受験を経験している著者が、「受験」における具体的ノウハウを実践的に説き明かしたこれまでにない斬新な内容です。

スポーツが楽しいものであるように、受験という機会も前向きに、そしてプラスになるようにとらえることで、「受験に勝利する」ことを著者はわかりやすく説いています。「親と子、家族」でともどもに読んでいただきたい好著です。

なお、巻末には、著者独自の「合格力セルフチェックシート」があり、現在の状況における各自の問題点とその克服法が明快にわかるようになっています。受験生とそのご家族のかたに必読の一書です。

株式会社 グローバル教育出版
〒101-0047 東京都千代田区内神田2−4−2　グローバルビル3階
TEL:03-3253-5944（代） FAX:03-3253-5945

サクニュー!!

ニュースを入手しろ!!

Success15 2011年11月号 第21回 産経新聞 編集委員 大野敏明

今月のキーワード

円高

歴史的な円高《えんだか》が続いています。

円高とは、外国の通貨に対して、日本の円の価値が高くなることです。アメリカのドルとの関係でいうと、戦後、1ドルは360円と決められていました。固定相場制です。しかし、日本は高度経済成長をなし遂げ、経済力が高まったことから、日米間で話しあいが行われ、1971年12月、1ドルを308円にすることになりました。

それまでは、360円出さないと1ドルと交換できなかったものが、308円で交換できるようになったのです。海外で1ドルで売られていたものは、そのぶん安く買えるようになったわけですから、輸入には有利になりました。ですが、輸出は逆で、1ドルで売れば360円が手に入ったものが、308円しか得られなくなったのです。輸出にとっては不利になりました。

ところが、1973年には固定相場制の維持が困難となり、変動相場制に移行します。その結果、1ドルはあっという間に300円を割り込みました。日本のように原材料を輸入して加工し、輸出するという産業構造からすると、原材料の輸入には有利ですが、輸出は大きなダメージを受けます。このため、輸出メーカーはコスト削減に努力し、工場の海外移転などで、なんとか経営を維持しましたが、1985年のプラザ合意と呼ばれる各国の金融担当者の会議で、さらなる円高が容認されると、円は1ドル＝160円前後まで高くなりました。

この間、日本はバブル経済を経験し、経済が持ち直したこともあって、円高傾向は衰えをみせず、1994年には1ドル＝100円を切り、1995年4月には79円75銭の過去最高値をつけました。

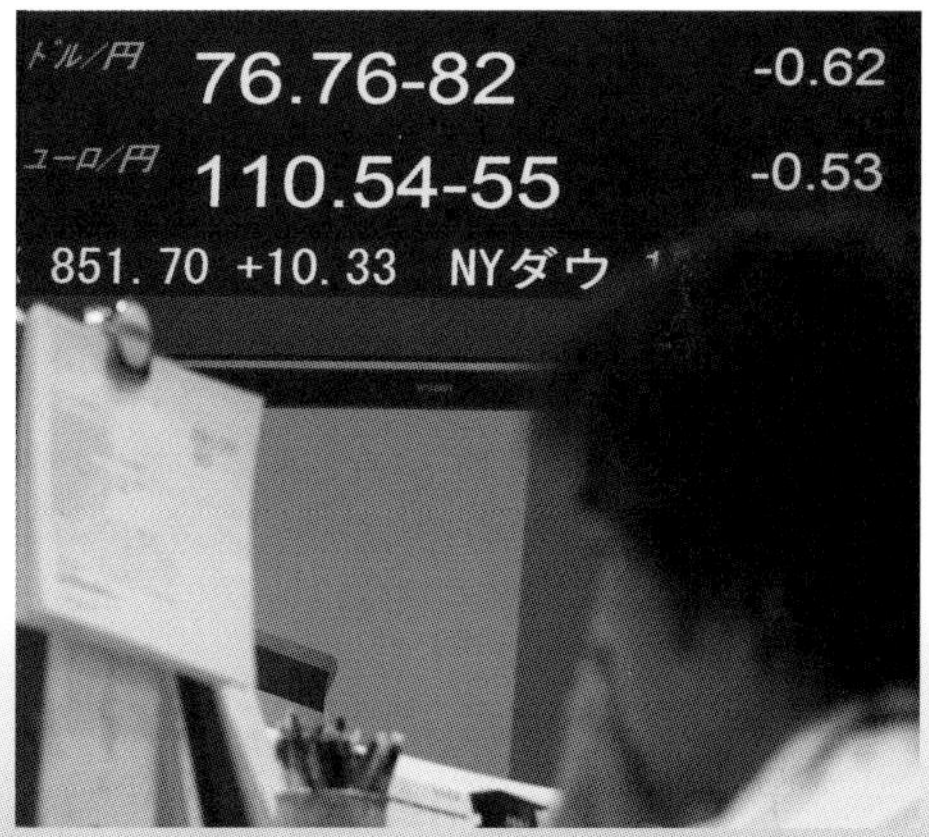

1ドル＝76円台に上昇したことを示す電光ボード(東京・銀座)
時事　撮影日:2011-08-01

その後は、やや落ち着きをみせたものの、米国のサブプライムローン問題、リーマンショックなどによる景気の低迷、欧州もギリシャ、スペイン、イタリアなどの金融危機の結果、ＥＵの通貨であるユーロに対しても円高になりました。さらに円はドルやユーロだけではなく、ドルにリンクしている韓国、中国、東南アジアなどの通貨に対しても独歩高になってしまいました。日本の景気も決してよくありませんが、相対的には円が強い状況です。

こうしたことから、今年の8月には1ドル＝76円台に突入して過去最高値をあっさりと更新、日本政府は円を売ってドルを買う介入をしましたが、大きな効果はなく、当面、この傾向が続くものとみられています。

高校受験ここが知りたい Q&A

Q

勉強することの意味ってなんですか？

２学期になり部活も終わって受験準備に全力で臨まなければいけない時期だと思います。でも、なんとなくやる気が出ません。スランプというか、これから多少頑張って少しくらい成績をあげても意味はあるのだろうかと考えてしまいます。どうしたらいいのでしょう。

（目黒区・中３・HG）

A

「学び」は自分を磨く機会です

いわゆるスランプの時期はだれにでもあります。そして、部活も引退して時間ができたことが、逆に学習のモチベーションを維持しにくくなるということも実際にあることです。

相談者の方は、高校入試に向けて努力しようという気持ちは十分にあるように感じますし、そう努めていることでしょう。

大切なことは、なんのために勉強するのかを改めて自分に問いかけてみることではないでしょうか。

私たちが勉強するのは、高校入試のためだけではないはずです。もちろん、入学試験ですので入学することが１つの目的ですが、決して試験に合格するためだけに勉強するのではありませんね。

私たちは、自分を磨き、将来、自分が本当にやりたいことをするために高校に行くわけですし、また、高校に入ったら勉強は終わりというものでもありません。これは、大学受験があるという意味ではありません。受験は１つの目標とはなるものですが、それ以上に「学び」を継続するなかから自分の未来を考え、自己を磨いていく機会ととらえるべきです。

成績についても同様です。成績があがることは好ましいことですが、それ以上に重要なのは努力する過程だと思います。中学生のいま、着実な学習を積み重ねた人は、高校・大学に進んだあとにも、その努力はきっと花開きます。いまは大変かもしれませんが、自分を信じて前進してください。

『サクリファイス』

他人の勝利のために走り続ける その先で、主人公が手に入れたのは

ロードレースというスポーツを知っているかな？　レース用の自転車に乗って、山あり谷ありのさまざまなコースをチームで走る競技だ。日本ではあまり知られていないけれど、ヨーロッパでは人気スポーツの1つになっている。

この物語の主人公・チカこと白石誓《しらいしちかう》はそのロードレースの選手で、日本のチーム「チーム・オッジ」に所属している。高校時代はインターハイの中距離走で優勝するほどのランナーだったが、あることをきっかけに自転車競技に転向し、大学から競技をスタートした異色の選手だ。

ロードレースは普通のスポーツとは少し違って、すべての選手が優勝を狙っているわけではない。勝つための選手「エース」と、それをサポートするための選手「アシスト」がいるのだ。彼ら「アシスト」は、自分たちが何位に入るかではなく、「エース」を勝たせるために走る。

チカはアシストに喜びを見出し、チームの勝利のため、全力でエースをサポートしながら日々のレースを戦っている。

ある日、そんな彼に本場ヨーロッパ・スペインのチームからの誘いが舞い込んでくる。決定ではないが、新しい選手の候補として考えている、というのだ。

ヨーロッパのチームで走りたいという思いは、ロードレースの選手ならだれもが一度は抱くもので、チカも例外ではない。自分が勝ちたい、と思ったことはないが、本場のチームで走りたいという思いは膨らむばかり。どうすれば自分を選んでもらえるのか。その思いを抱えながら、チーム・オッジの一員として、ベルギーとルクセンブルグを5日間かけて走るレースに参加する。

そして、この大会で、思わぬ再会と悲劇が彼を待ち受けていた…。

素人にはわかりにくい競技だが、筆者の丁寧な描写によって、臨場感がよく伝わってくる。スピード感もあってとても読みやすい1冊だ。2008年の大藪春彦賞を受賞した青春ミステリ小説で、2010年には続編「エデン」が発売されている。

『サクリファイス』

著／近藤史恵
刊行／新潮社
価格／438円＋税

SUCCESS CINEMA サクセスシネマ vol.21

おいしい映画を めしあがれ

マーサの幸せレシピ

2001年/ドイツ/アミューズ・ピクチャーズ/
監督:サンドラ・ネットルベック

価格:3,990円(税込)DVD発売中
発売元:株式会社ショウゲート
販売元:アミューズソフトエンタテインメント株式会社

天才シェフに足りないものは？

ドイツのとあるフレンチレストランで働くマーサ（＝マルティナ・ゲデック）はピカイチの腕を持つシェフですが、店のオーナーには「街で2番目に優秀なシェフ」と言われてしまいます。天才シェフが一番になれない理由はなんなのでしょうか――。

それは彼女の性格にありました。気難しく、だれにも心を開かない不器用なマーサ。ときには客や従業員と衝突してしまうこともあります。ある日、マーサの最愛の妹が車の事故で亡くなってしまい、１人残された幼い姪っ子のリサを引き取ることに…。

2001年にドイツで公開された本作は、ドイツ国内をはじめ、ヨーロッパでも高い評価を受けました。2007年にはアメリカで『幸せのレシピ』というタイトルでリメイク版も登場。気難しい女性シェフ役をキャサリン・ゼタ・ジョーンズが熱演しました。

はたしてマーサとリサは、人生を立て直し、再び笑顔を見せることができるのでしょうか。毎日いただく食事こそが、人間関係を深め、生活に潤いをもたらし、人生のなかで大きな役割を果たしていることに改めて気付かされます。

UDON

2006年/日本/東宝/監督:本広克行

「UDON　スタンダード・エディション」DVD発売中
発売元:フジテレビジョン　ROBOT　東宝
販売元:ポニーキャニオン
価格:3,990円(税込)　品番:PCBC.51094

心を揺さぶるソウルフードとは？

本当に愛すべきもの、探していたものは、じつは身近にあるものかもしれません。夢を追って単身アメリカへと渡った松井香助（＝ユースケ・サンタマリア）は現実の厳しさを目の当たりにし、すごすごと故郷の香川へ帰ってきました。そこで見たものは、かつてと変わらぬ風景――厳格な父が厨房でせっせと讃岐うどんを作る姿でした。挫折続きの自分の生き方を棚にあげ、父の生き方を「つまらない」と感じてしまう香助。しかし、父の死を機に、その讃岐うどんが多くの人々の“ソウルフード”となっていたことに気付きます。ロケはすべて本広克行監督の出身地の香川県で行われ、地元のエキストラやボランティアスタッフが多数参加。作品に奥行きをもたらしています。おいしそうな讃岐うどんの映像も魅力的な映画です。

かもめ食堂

2006年/日本・フィンランド/メディア・スーツ/
監督:荻上直子

かもめ食堂
ブルーレイ＆DVD発売中
ブルーレイ:6,090円(税込)
発売元:バップ

ヘルシンキにある和食レストラン

北欧、フィンランドのヘルシンキにある日本食レストランが舞台というちょっと変わった設定の映画です。1人の日本人女性（サチエ＝小林聡美）が営む「かもめ食堂」を中心に、そこに携わる人々の人生の1コマが穏やかに描かれています。

日本のアニメソングの歌詞を知りたい地元の男子学生や、世間話好きの老女たち、ひょんなことからかもめ食堂で働くことになった２人の女性（＝片桐はいり、もたいまさこ）。小さな珍事が起こるたびに、私たち日本人にとってはどれも馴染み深いおにぎり、鮭ご飯などの和食が心を癒してくれます。群ようこの小説を荻上直子が女流監督らしい繊細なタッチで手掛けました。かもめ食堂に響く靴の音、食器の重なり合う音が、ほのぼのとした空間に緊張感を与えるアクセントとなっています。

サクセスランキング

★ Success Ranking ★

新司法試験 合格者数 ランキング

今号のサクセスランキングは、９月に発表された新司法試験の法科大学院別合格者数だ。今年の合格者数は昨年より11人少ない2063人で、合格率も昨年より1.9%低い23.5%となった。これで、新司法試験導入から連続で合格率が低下している。将来司法試験を受験しようと考えている人は、今後の動向をよくチェックしておこう。

2011年合格者数

順位	法科大学院	合格率（%）	合格者数（人）
1	**東京大**	**50.5%**	**210**
2	中央大	38.2%	176
3	京都大	54.6%	172
4	慶應義塾大	48.0%	164
5	早稲田大	31.9%	138
6	明治大	24.0%	90
7	一橋大	57.7%	82
8	神戸大	46.6%	69
9	同志社大	23.5%	65
10	東北大	31.8%	54
11	大阪大	28.7%	49
12	北海道大	30.0%	48
13	名古屋大	31.6%	43
14	九州大	21.0%	42
15	立命館大	15.3%	40
16	上智大	20.2%	39
17	首都大東京	31.7%	38
18	関西大	16.7%	35
19	法政大	16.9%	31
20	大阪市立大	25.0%	30

2010年合格者数

順位	法科大学院	合格率（%）	合格者数（人）
1	**東京大**	**48.9%**	**201**
2	中央大	43.1%	189
3	慶應義塾大	50.4%	179
4	京都大	48.7%	135
5	早稲田大	32.7%	130
6	明治大	25.4%	85
7	大阪大	38.9%	70
8	一橋大	50.0%	69
9	北海道大	43.1%	62
10	東北大	36.5%	58
11	同志社大	21.0%	55
12	名古屋大	35.3%	49
12	神戸大	34.0%	49
14	立命館大	18.9%	47
15	九州大	26.3%	46
16	関西学院大	20.3%	37
17	上智大	19.6%	33
18	関西大	14.5%	32
19	大阪市立大	26.1%	31
20	千葉大	43.5%	30

※法務省調べ

精神科医からの処方箋

子どものこころSOS

大人の知らない「子どものこころ」。そのなかを知ることで、子どもたちをめぐる困難な課題を克服する処方箋を示唆。気鋭の精神科医・春日武彦が「子どものこころ」を解きほぐし、とくに受験期に保護者がとるべき態度や言動をアドバイスします。

A5版　224ページ
定価　2,100円（税込）
ISBN4-901524-80-1

精神科医
春日 武彦　著

「率直に言って、受験を迎えるお子さんがいるご家庭においては、親子ともに『こころの健康マネージメント』が必要だと感じています。しかし、これを実際におこなっていくのは、なかなかむずかしい。本書は、現実生活のなかでどう対応したらよいのかを、学説や教育論ではなく、こころに届く絶妙な筆致で綴った得難い一冊です」
（教育評論家・森上展安）

子どものこころ？

受験期にはどう接すればいい？

子どもとうまくつきあいたい

★ご注文方法
本書は一般書店にてお買い求めになることができます。万が一、書店店頭に見当たらない場合には、書店にてご注文のうえ、お取りよせいただくか、弊社営業部までご注文ください。ホームページからもご注文いただけます。

株式会社 グローバル教育出版
〒101-0047 東京都千代田区内神田２－４－２　グローバルビル３階
TEL：03-3253-5944（代）　FAX：03-3253-5945

Educational Column
15歳の考現学
学校を選択することは
青春時代を共有する
友人を選ぶこと

私立 INSIDE
私立高校受験
私立高校の入試制度は
なぜわかりにくいのか

公立 CLOSE UP
公立高校受験
5年前と比較した
都立進学指導重点校の
「大学合格力」の伸び

BASIC LECTURE
高校入試の基礎知識
学校選択のポイントを知って
自分に合った学校を選ぼう

受験情報

monthly topics

東京都立

推薦入試で小論文・作文実施校増加

東京都教育委員会は9月9日、2012年度の都立高校入試の実施要綱を発表したが、いわゆる推薦入試(推薦に基づく選抜)で、小論文・作文実施校を増やすことになった。

受検者の能力・個性、意欲等をより一層多面的に評価するとしている。新たに小論文または作文を実施するのは以下の23校。

【小論文】三田、城東、東、墨田川
【作文】竹早、上野、目黒、武蔵丘、豊多摩、豊島、石神井、淵江、葛飾野、江戸川、小松川、武蔵野北、調布北、調布南、小金井北、日野台、永山、板橋有徳、杉並総合

2013年に進学指導重点校を再指定

東京都教育委員会は、2013年度に都立高校進学指導重点校の指定を見直し再指定する。現在の進学指導重点校は、2001年に日比谷、戸山、西、八王子東の4校が、2003年に青山、立川、国立の3校が指定され、継続されてきたが、2011年度から2013年度までの、現役での大学合格実績などをふまえて再検討される。もちろん継続指定校がほとんどであろうが、入れ替わる学校が出る可能性も残されている。

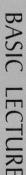

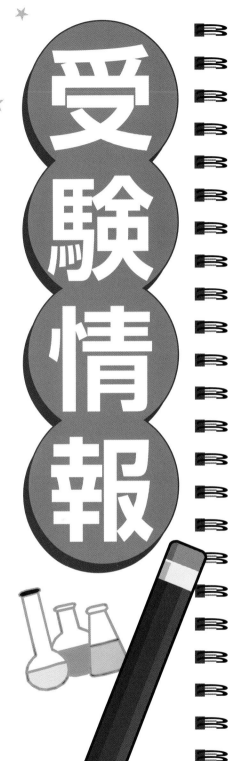

15歳の考現学

学校を選択することは青春時代を共有する友人を選ぶこと

森上 展安
Nobuyasu Morigami
もりがみ・のぶやす
森上教育研究所所長。1953年、岡山県生まれ。早稲田大学卒業。進学塾経営などを経て、1987年に「森上教育研究所」を設立。「受験」をキーワードに幅広く教育問題をあつかう。近著に『教育時論』や『入りやすくてお得な学校』『中学受験図鑑』などがある。

成功する学校選びとは

「学校選び」が佳境を迎えるころですが、学校選びの成功がなんであるかは、「受験の成功＝合格」というほどには自明なことではありません。だから悩むわけです。

筆者の愚息たちの高校選びを例にあげると、長男の場合は、私立中学から別の私立高校に行きました。この場合は、卒業したい方に気持ちがあったので、出られさえすれば「成功」でした。

一方、三男（次男は中高一貫コースで高校受験はなし）は、公立中学から私立高校に進んだのですが、むしろ卓球部に入りに行ったので、学校のなんたるかは二の次、三の次、いわゆる「単願」でした。

言ってみれば、いずれも学校選びをしていないに等しかったのですが、幸い高校の学校生活は快適だったようです。

高校は、ある意味、妙に通過機関のようなところがあり、大学の準備教育一色のように扱われるきらいがあります。しかし、あの甲子園を見るまでもなく、やはり高校生のパワーは大変なものがあります。

ただし、高校3年間で結果の出るなにかを選ぶとすれば、クラブ、それもアスリートのパフォーマンスになります。

逆に、そういった学校の名を高からしめるようなクラブがない場合や自分が無縁の場合、学校を選ぶと言っても手づまりです。

学校で得る最高のもの

その場合、そもそも学校選びでなにをそこから得ようとしているのか、ということから考えてみるのがよいかもしれません。

結論から言えば、そこで得るべき最大最高のものは友人です。もちろん、学校以外でも友人はいるでしょうし、あってよいでしょうが、なにしろ青春期、つまり人生観を形成するときに、長時間ともに過ごすのですから友人がそこにいないということはあり得ない。

むしろ、この友人が単純によい友人か、悪い友人かが第一義的に大切です。「朱に交われば赤くなる」などという言葉は知っているでしょうが、具体的にそれがどういったことをさすのか、おそらくはそう意識できないと思います。

もしここで、すばらしい友人と出会うことができ、終生その方々と交流ができ、またそれに価する人々ならば、学校はそれこそほかでは得られぬ空間ということになりませんか。

悪い友人とつきあうと、悪いことを覚え、人生が次第に暗転していきます。反対によき友人とつきあうと、よい習慣がつき、人生がより豊かになります。

学校というところはそういう意味でこの出会いを仲介してくれるところです。あらかじめ選抜されているのであまり妙な人はいそうにない（?）はずですが、いくら立派な人でも気にいる人と気にいらない人はいるでしょう。ですからクラス分けがあり、クラブも複数入れたりする方が、出会いも多くできて探しやすいでしょう。

そういう目で学校選びをするとしたらどうでしょう。

例えば公開行事などで学校見学をすれば先輩生徒と会う機会が持てるでしょう。その先輩たちの言葉づかい、応答ぶり、身のこなしすべてが好ましいか、避けたいものか、おそらくそういう判断はあまり誤っていないと思います。

実際に入学するとそうした先輩がいます。とはいってもそこは同級生とのつきあいの方が、格段に大きいでしょう。しかし先輩の生徒文化を引き継ぐわけですから、やはり伝来の生徒文化自体を事前に知っておくべきでしょうね。

学年が違えばそのムードも違うところがありますが、クラブなどの文化はなかなか変わらないものです。というのも学年のタテの関係は、クラブの先生方とのつながりも多く、教員文化が反映しがちです。クラブの生徒文化が教員文化を媒介に形成され、それが校風になっているという事情がありそうです。

友人同士が規範となる

さて、なぜ友人は大事なのでしょうか。

解答はさまざまあると思います。ただ自らを振り返って考えたときに、つねになにを基準にして自らの行動を組み立ててきたのかだ、と思います。

その基準になるのは、確かに師匠がいれば師匠でしょうが、まだそういった人生の師とめぐり会えない若い間は、なにをおいても身近な友人がどう振る舞うか、ということが基準になるのではないでしょうか。

じつは、私たちの日々の行動は理性的に見えてかなり感情で動かされているようです。

その怒り、悲しみ、喜び、などを共有、共感できればとくに思春期にあっては、そこに人格的な信頼が醸成されることでしょう。

身近な人物に中学時代にすさんだ行動を繰り返す者がいました。これが甲子園で活躍できる希望によって高校生活は見事に模範生になったのですが、そういうケースは複数あります。まさに同じ目標、同じ希望の下に苦しみ、喜んで友人たちとプレーすることで成長したのでしょう。

高校選びでよい友人を得ることが未来をよい方向に変え得るのだ、という確信のようなものを筆者は持っています。

それはこの甲子園球児の事例に見るように、広く地域社会や、地元の認知が得られる、また、技能の熟達でプロや大学への途が拓ける、などという進路形成が力を添えていると思います。この社会とのつながりが、友人とともにあることで強化されるのです。

いまは、中学の勉強ですから、より基本的な勉強ばかりですが、高校ともなればかなり深く学びます。その深く学ぶ過程でどのように自分なりの「生きる軸」を立てていくか、という視点が必ず間近になります。

そのときに友人だったらどう考えるか、「自分はこう考えるのだ」と言ったら友人はどう反応するのかなどということが自然に頭のなかに浮かんでくるのではないでしょうか。もちろん、それが友人ではなくて父親であったり、師匠（指導教官）であったりすることもあるでしょうが、やはり同世代の信頼できる友人からの仮想の反論や問いつめが最も心に迫ってくるはずだと思います。

そうした友人を選べる高校に進学したいものですね。

私立高校の入試制度はなぜわかりにくいのか

まず入試日程を理解しよう

前号（10月号）では、首都４都県の私立高校入試制度を解説しましたが「なぜ、都県によって制度が違うのか」「近県の私立高校も受験しようとするとき、とてもわかりにくく、中学の先生も教えてくれない」などのご質問、ご意見をいただきました。高校受験を迎えるみなさんにとって「高校入試制度がよくわからない」という問題は切実です。前号では触れきれなかった「私立高校入試制度はなぜわかりにくいのか」を考えてみることにします。

高校の入試日程は、公私立ともに都県によって異なります。

公立高校は、住所のある都県内の高校しか受験できないのが基本です。隣の都県とは入試日程が違っていても問題はありませんので、都県ごとに独自に入試日程を決めています。

逆に、私立高校は近県の高校を受験してもかまいません。

ところで、私立高校の受験生の多くは、自分が住む都県の公立高校を第1志望としています。

私立高校側は、公立高校との併願受験生が多いため、所在地の公立高校入試日程とはずらした日程で入試を行います。公立併願受験生の便宜を図るために、入試日程も合格発表日も、公立高校入試の影響を受けているのです。そこで、各都県の公立高校入試日程によって「玉突き」のようにして、私立高校も都県によって日程が異なり、合格が決まる時期も違ってくるのです。

併願の受験生は、私立高校への合格を早めに確保し、安心して第1志望である公立高校入試に向かいたいというのが心理でしょう。

さて、首都圏で最も早く入試を開

始する千葉の私立高校（1月17日・千葉県私立前期入試開始）と、埼玉の私立高校（1月22日・埼玉県私立入試開始）では、公立高校との併願が可能です。

つまり、東京都立、神奈川公立を第1志望とする受験生が千葉・埼玉の私立高校を受験すれば、1月中に合格を確保できる可能性が高いことになります。

東京と神奈川の私立高校受験生が、都立高校一般入試や神奈川公立後期入試と併願をする場合、都内私立、神奈川私立の一般入試（2月10日開始）まで待たなければなりません。ですから、都立高校や神奈川公立高校と私立高校を併願する場合、通学が可能なら、千葉や埼玉の私立高校を併願し「早めに安心」を手に入れようとする受験生がいます。

これとは逆方向の動きですが、東京の私立高校には近県からもたくさんの受験生が集まります。そこで、千葉・埼玉在住の受験生に対して、1月22日からの推薦入試なら「千葉、埼玉の公立高校との併願ができますよ」と、受験生にPRする都内私立高校も少なくありません。

前述したように、東京・神奈川在住の受験生は2月10日まで待たねばなりません。つまり、都内の同じ私立高校なのに、公立高校と併願する場合に、住んでいる場所によって受験日程が変わってしまうことになります。これも、私立高校入試がわかりにくくなっている一因です。

各校の複数日程も わかりにくさを助長

さらに、私立高校は入試日程を複数組んでいる学校がほとんどです。これは、私立高校がライバル校を互いに意識し、一般入試で幅広く受験が可能なようにしているためです。

受験生が住んでいる都県による日程の違い、入試回数の複数化、さらに多くのコース設定もあって、私立高校では、1校で見てもさまざまな入試が設定されています。

そのため、入試日程にしても、項目が非常に多く、コース名称も頻繁に改編されるため、前年に比べ受験生が増えたのか減ったのか、競争率はどう変化したのかさえ、よくわからないのが実情です。

このことも、私立高校の入試が「わかりにくい」ということに輪をかけています。

これだけ複雑化すると私立高校の入試制度を理解しようとするのは確かに大変です。しかし、あなたが進学する高校は、結局は1つでしょう。

学校選びは、いよいよ終盤に入ってきますが、まだまだ、各校での説明会は行われています。

これからは、進学したい学校に絞って情報を集めること。また、なにが知りたいのかを明確にし、それらを各校ごとに比べながら、プラス面を探してきたこれまでの姿勢から、マイナス面も見つめて選択していくことが必要になってきます。

5年前と比較した都立進学指導重点校の「大学合格力」の伸び

安田教育研究所 副代表 平松 享

今年、都立進学指導重点校から難関大学（東大、京大、一橋大、東工大、国公立大医学部医学科）に合格した者の合計は300名（現役、浪人合計）。2001年の指定以来、最多を記録しました。全体的に見ると実績は向上していますが、各校の推移はさまざまです。来春までの結果から、現在の進学指導重点校は指定を見直すことが決まっています。進学指導推進校を加えた12校の実績を、5年前からの伸びで比べます。

学校間による差が顕著に

大学進学をめざす4つのグループ

現在、東京都では、大学進学をめざす学校として、次の4つのグループを指定しています。

①進学指導重点校（進学重点校）…**日比谷**、**戸山**、**西**、**八王子東**、**青山**、**立川**、**国立**の7校。

②進学指導特別推進校（特進校）…**小山台**、**駒場**、**新宿**、**町田**、**国分寺**の5校。

③進学指導推進校（推進校）…**三田**、**国際**、**豊多摩**、**竹早**、**北園**、**墨田川**、**小松川**、**城東**、**江北**、**江戸川**、**日野台**、**武蔵野北**、**小金井北**、**調布北**の14校。

④中高一貫6年生教育校（一貫校）…**＊桜修館**、**富士**、**大泉**、**＊小石川**、**白鷗**、**両国**、**＊南多摩**、**＊立川国際**、**武蔵**、**＊三鷹**の10校（＊は中等教育学校）。

また、東京都では、東大、京大、一橋大、東工大、国公立大医学部医学科を「難関大学」と位置付け、これらの大学に現役で合格することを、都立進学校の第一目標に掲げています。

このため、進学重点校は「難関大学進学をめざす学校」として、特進校は、「難関大学を中心とした進学実績の向上をめざす学校」として、推進校は、「国公立大学及び難関私立大学への進学をめざす取組を強化する学校」として、毎年、その成果を評価されています。

なかでも進学重点校は、新しい「選定基準」を設け、来春の大学合格実績をもとに、「指定の見直し」を行うことが、すでに決まっています。

今回は、4つのグループのうち、①の進学重点校7校と、②の特進校5校の、合わせて12校について、今春と5年前の2006年の大学合格実績を比べてみます。

難関大学合格数と その占有率の変化

今春、進学重点校から難関大学に合格した者は、合計で300名（現役浪人計）と、10年前の指定以来最多を記録しました。このうち現役合格者は160名で、これも最多です。

占有率（合格者数の卒業生数に占める割合）は、7校平均で13・6％（現浪計、卒業生数を学年定員で計算）と、こちらも、指定以来最高の値をマークしました。進学重点校では、今春、約7人に1人が、難関大への合格を果たしたことになります。

下のグラフ1では、2006年から今春までの、7校合計の難関大合格者数の移り変わりを、棒グラフと折線グラフで示しました。

棒の下の部分は現役合格者数を、上の部分は浪人のそれを表しています。棒全体の長さは、全合格者数を示しています。

グラフ1　難関大合格数と占有率（進学重点校合計）

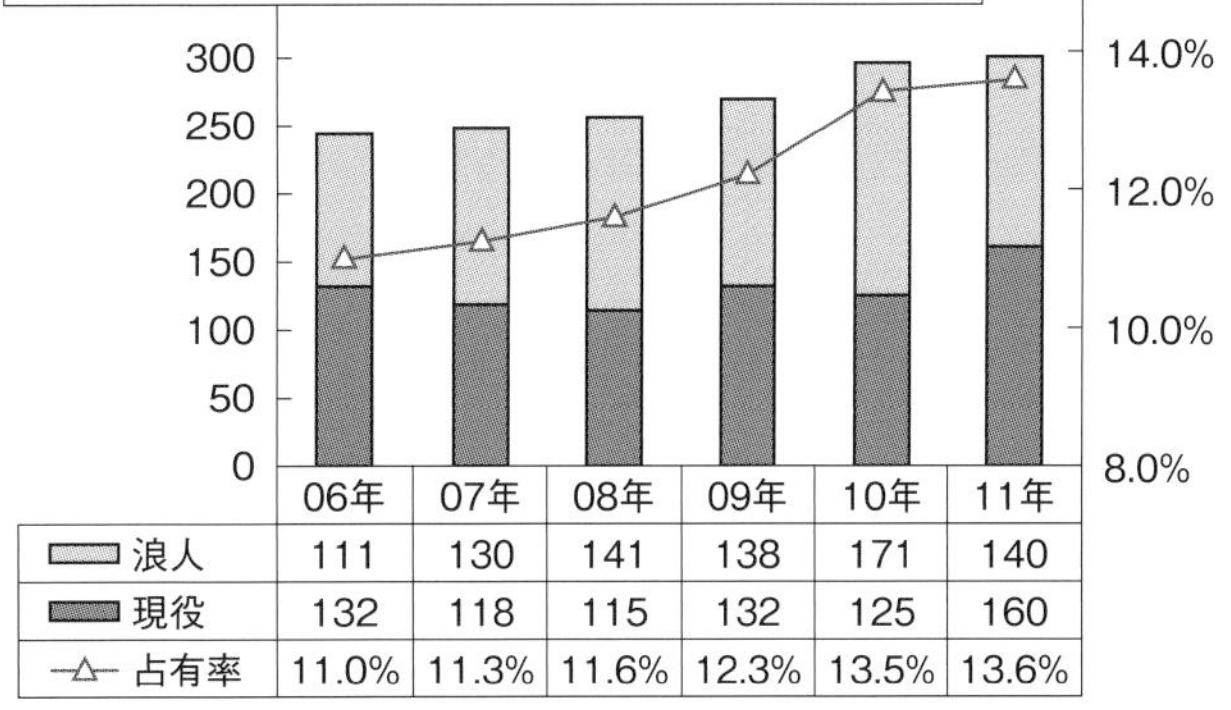

	06年	07年	08年	09年	10年	11年
浪人	111	130	141	138	171	140
現役	132	118	115	132	125	160
占有率	11.0%	11.3%	11.6%	12.3%	13.5%	13.6%

現役合格者が隔年で増減している様子がわかると思います。それでも、現役が減った年には浪人が増えて、全体の棒の長さは、右に行くにつれて少しずつ長くなっています。

5年前の2006年と今春を比べると、現役が132人→160人、浪人は111人→140人と、どちらも2割以上増加しています。

前年からの増加数では、一昨年→昨年の浪人と、昨年→今春の現役の伸びがめだちます。

昨年→今春の現役合格者数を学校ごとに比べると、**日比谷**…41名→49名（約1・2倍）、**西**…24名→38名（約1・6倍）、**国立**…19名→34名（約1・8倍）と、進学重点校のなかで

も、これまで合格実績が高かった最上位の3校が、大きく伸ばしています。

折れ線グラフ2では、7校平均の占有率（現浪計）の推移を示しました。こちらも右肩あがりが明らかですが、とくに、一昨年から昨年、今年にかけて、以前より一段と高いステージにあがったように見えます。

表1（87ページ）では、5年前の2006年と今春を、各校ごとに比べてみました。

現浪計の合格者数の推移では、**日比谷**…41名→74名（約1・8倍）、**西**…56名→78名（約1・4倍）、**国立**…45名→62名（約1・4倍）と3校の増加数が大きく、占有率（現浪計）でも、**日比谷**が13％から23％に、**西**が18％から24％に、**国立**が14％から19％に、それぞれ大幅にアップさせています。

今春、**日比谷**と**西**は約4人に1人が、**国立**では約5人に1人が、難関大に合格したことになります。

一方、**八王子東**を見ると、合格者数は、現役が30名→16名、浪人は23名→19名と、ともに減り、現浪計は53名→35名と、今春は5年前の6割以下に落ち込んでしまいました。このため、17％あった占有率も11％まで低下しています。同校の場合、遅れて指定を受けた**国立**、**立川**に、入学者を奪われたようです。

戸山は、現役が11名→13名と増えて、占有率もアップしました。**青山**は、現役が4名→6名、浪人も6名→7名とわずかに増え、占有率をあげています。**立川**は、現役合格者が2名減って、占有率も下げました。

難関大の今春の合格実績では、進学重点校は、**日比谷**、**西**、**国立**の第1と、**八王子東**、**戸山**の第2、**青山**、**立川**の第3の3つの集団に、はっきり分かれてきました。

難関大学 合格者数目標とその結果

さらに、進学重点校の「選定基準」の1つである11年度難関大現役合格者数を、結果の数字と比べてみましょう。「目標」は、昨年、各校が掲げた今春の予測値です。

【日比谷】…目標45名以上、結果49名
【西】…目標32名、結果38名
【国立】…目標25名、結果34名
【八王子東】…目標15名、結果16名
【戸山】…目標15名、結果13名
【青山】…目標11名、結果6名
【立川】…目標10名、結果4名

日比谷から**八王子東**までの4校は今春の目標をクリアしていますが、**戸山**、**青山**、**立川**の3校は届いていません。とくに**青山**と**立川**は、目標の半分程度しか結果を出すことができませんでした。

青山と**立川**のあとには特進校が迫っています。表1の下の部分を見てください。**小山台**は現役5名、浪人1名の計6名、**新宿**も現役4名、浪人2名の計6名と、合計ではおよびませんが、現役では、4名の**立川**を**小山台**は上回り、**新宿**は並んでいます。

他の3校は、5年前からの推移では、現役の数字を伸ばし切れていないようです。また、5校とも、現浪計の占有率では数％にとどまり、特進校は重点校に、まだ水をあけられているようにみえます。

国公立大学への 合格者数の変化

合格先を国公立大学全体（難関大を含む）に広げると、どうでしょう。次の2つのグラフと表2（87ページ）では、進学重点校と特推校の国公立大学への合格実績の推移を示しました。

進学重点校から国公立大学に合格した者の数は、2006年→今春で、

グラフ２ 国公立大合格数と占有率（進学重点校）

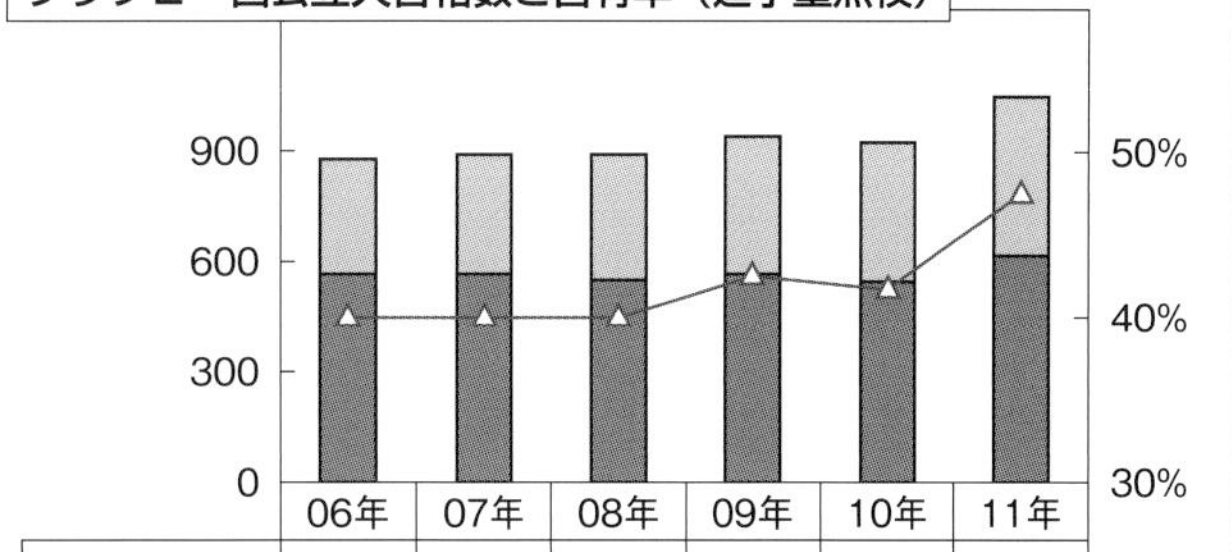

	06年	07年	08年	09年	10年	11年
浪人	317	320	341	371	377	434
現役	563	566	547	565	542	614
占有率	40%	40%	40%	43%	42%	48%

グラフ３ 国公立大合格数と占有率（特進校）

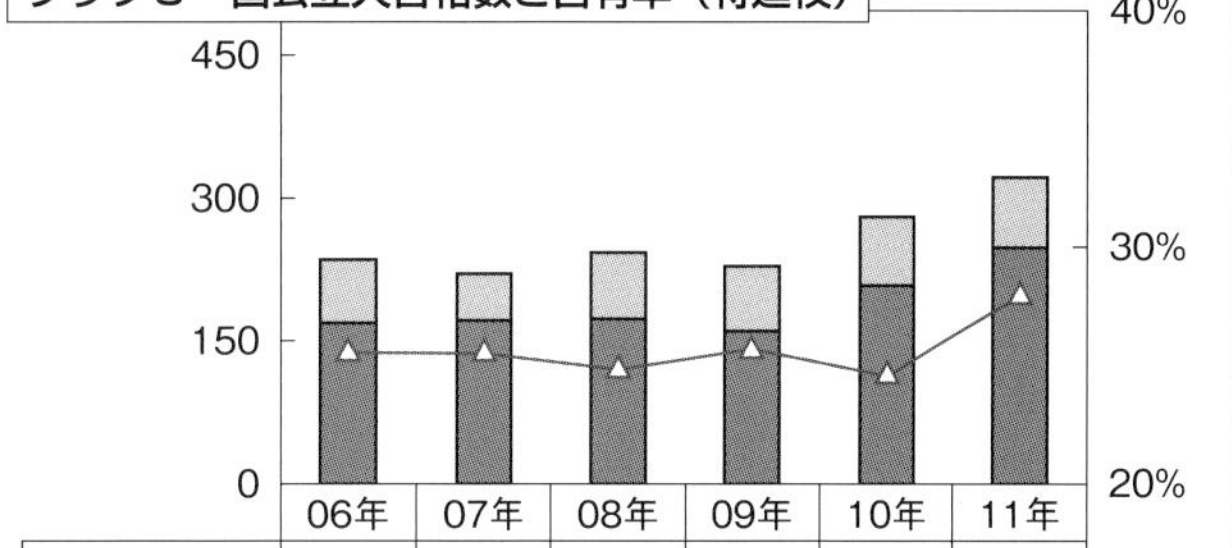

	06年	07年	08年	09年	10年	11年
浪人	68	50	70	69	73	74
現役	168	171	173	161	209	248
占有率	26%	26%	25%	26%	25%	28%

グラフ４ 早慶上合格数と占有率（進学重点校合計）

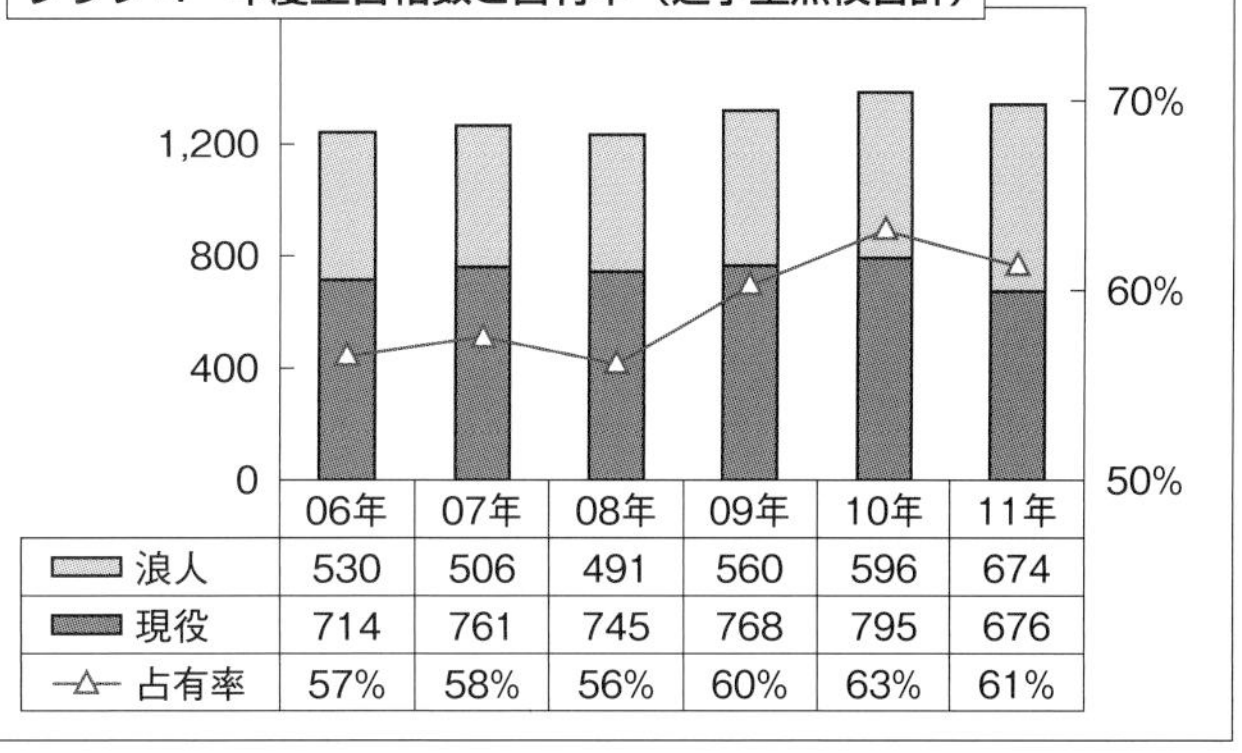

	06年	07年	08年	09年	10年	11年
浪人	530	506	491	560	596	674
現役	714	761	745	768	795	676
占有率	57%	58%	56%	60%	63%	61%

現役が563名→614名の約9%増ですが、浪人は317名→434名の約40%増と、浪人の伸びが大きくなっています。

表2で確かめると、**西**…46名→101名、**日比谷**…36名→61名など、2006年と比べて浪人して国公立大学に合格した者が上位で増えていることがわかります。

グラフ3では占有率を示す折れ線が、昨年から今年にかけて急に跳ねあがっているように見えます。3年前までの占有率は40%程度で落ち着いていましたが、2009年ごろから上昇傾向が見えてきました。

表2で調べると、**戸山**と**八王子東**以外はすべて上昇しています。3年前のリーマンショック以来、受験生の国公立志向が明確になっています。特進校でも同様ですが、こちらは、2006年→今春の合格者数が、**新宿**では、現役で17名→67名と4倍増に近い伸びがあるなど、現役の増加がめだっています。

難関私立大学への合格者数の変化

早慶上智など、私立最上位の合格状況はどうでしょうか。上のグラフ4と表3(87ページ)をご覧ください。

進学重点校から早慶上智に合格し

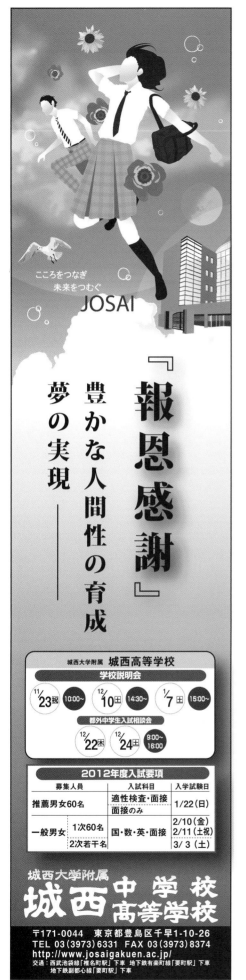

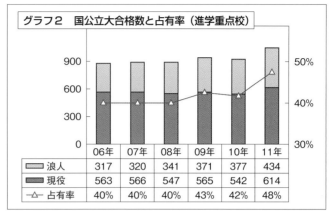

た者の数は、２００６年↓今春で、現役が７６１名↓６７６名と大幅に減っています。経済的な理由から、受験校数や学部数をかなり少なくしたことが原因のようです。

逆に、浪人は５０６名↓６７４名と30％以上増え、現浪計の占有率も61％と、昨年の63％に次いで高い値に止まっています。

表３で確かめると、現役は**戸山**（98名↓56名）、**西**（１３１名↓92名）などで大きく減り、浪人は**日比谷**（77名↓１０６名）、**戸山**（72名↓１１２名）、**西**（１０７名↓１７２名）で大幅に増えています。

グラフ５　日比谷→難関大

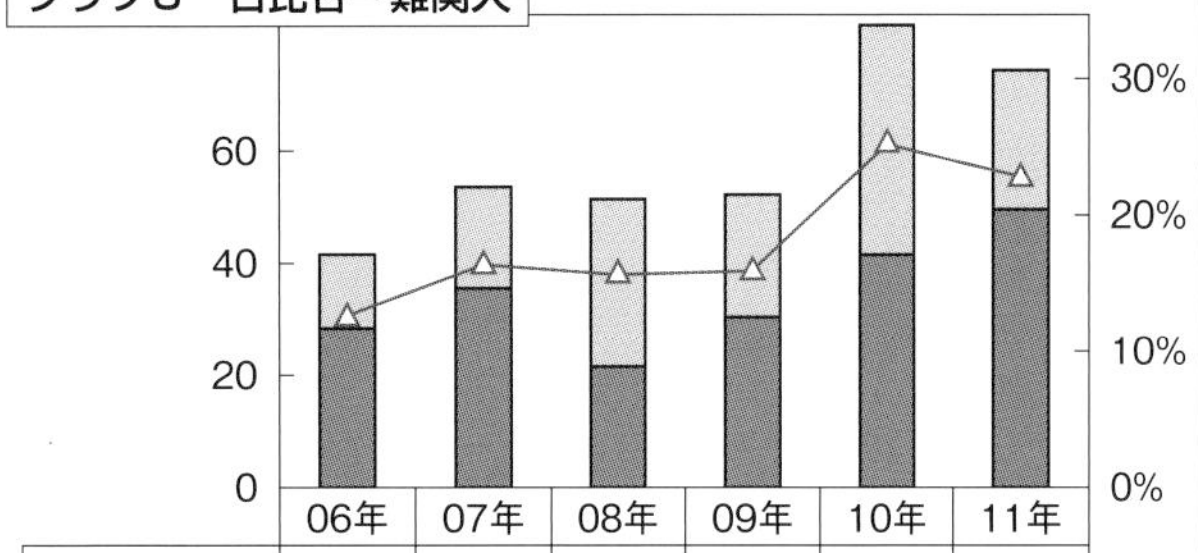

	06年	07年	08年	09年	10年	11年
浪人	13	18	30	22	41	25
現役	28	35	21	30	41	49
占有率	13%	17%	16%	16%	26%	23%

この結果、占有率（現浪計）は、**日比谷**…91％、**西**…83％、**国立**…71％と上位では、非常に高い値になりました。特進校では、国公立大と同じように現役が増加、浪人は減少しています。

全体としては変化が少ないですが、**新宿**は現役17名↓58名、浪人10名↓32名で、現浪計は５年間で63名増。占有率８％↓28％の20％増と、ひとり気を吐いています。

グラフ６　西→難関大

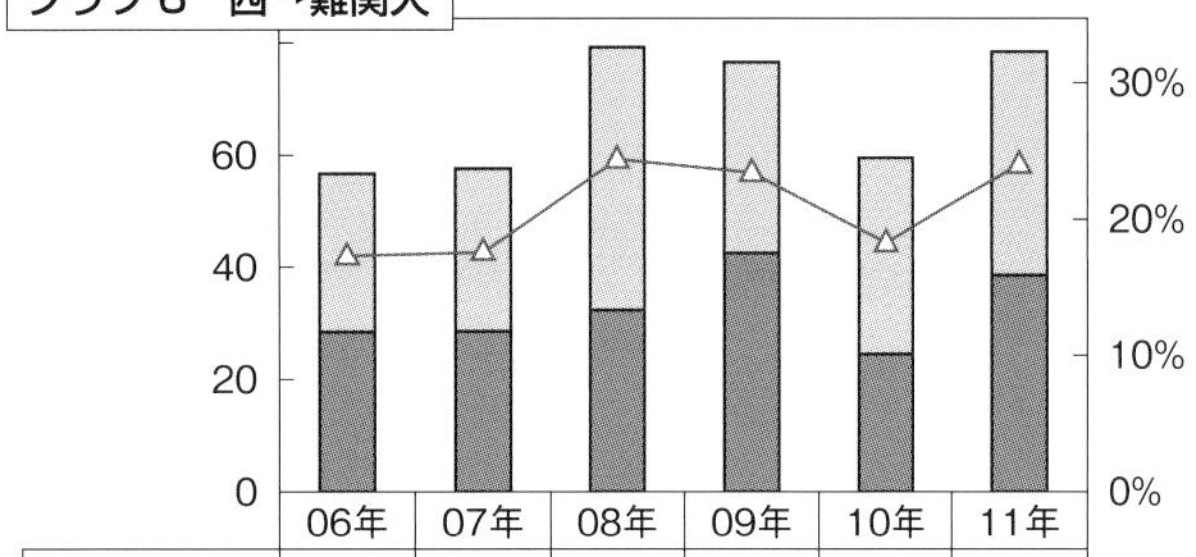

	06年	07年	08年	09年	10年	11年
浪人	28	29	47	34	35	40
現役	28	28	32	42	24	38
占有率	18%	18%	25%	24%	18%	24%

大きく伸びた日比谷の５年間

今春の**日比谷**の国公立大学現役合格者は１０５名、学年の３分の１近くが合格しています。

このうち、約半数にあたる49名が、東大などの難関大学に合格、１クラスに６人以上、難関大現役合格者がいる計算になります。また、浪人は、学年が異なりますが、１クラスに３人くらい、いたことになります。

一方**西**は、今春、学年の約４分の１にあたる85名が、現役で国公立大学に合格。そのうちの45％にあたる38名が難関大へ。学年の６分の１近くが難関大に現役で合格。こちらは、合格者が１クラスに５人程度いることになります。浪人も１クラスに５人くらいの計算になります。

グラフでみると、**日比谷**はここ３年ほど現役合格者数を着実に伸ばしています。**西**は、現役も浪人も合格者数が年によって増減しています。

過去５年間の平均現役合格率（難関校現役合格÷現浪計合格）は、**日比谷**の56％に対して、**西**は47％です（今年の**日比谷**はなんと66％）。

もちろん浪人しないにこしたことはありませんが、**西**ではそのぶん、高校生活をゆったりと過ごしているのかもしれません。さて、あなたはどちらを選びますか。

表1

難関大合格数と占有率の推移

学校名	区分	06年	⇒	11年
日比谷	現役	28	⇒	49
	浪人	13		25
	現浪計	41		74
	占有率	13%		23%
戸山	現役	11	⇒	13
	浪人	15		15
	現浪計	26		28
	占有率	8%		9%
西	現役	28	⇒	38
	浪人	28		40
	現浪計	56		78
	占有率	18%		24%
八王子東	現役	30	⇒	16
	浪人	23		19
	現浪計	53		35
	占有率	17%		11%
青山	現役	4	⇒	6
	浪人	6		7
	現浪計	10		13
	占有率	4%		5%
立川	現役	6	⇒	4
	浪人	6		6
	現浪計	12		10
	占有率	4%		3%
国立	現役	25	⇒	34
	浪人	20		28
	現浪計	45		62
	占有率	14%		19%
進学重点校計	現役	132	⇒	160
	浪人	111		140
	現浪計	243		300
	占有率	11%		14%
学校名	区分	06年	⇒	11年
小山台	現役	3	⇒	5
	浪人	1		1
	現浪計	4		6
	占有率	1.4%		2.1%
駒場	現役	0	⇒	1
	浪人	1		3
	現浪計	1		4
	占有率	0.4%		1.4%
新宿	現役	0	⇒	4
	浪人	0		2
	現浪計	0		6
	占有率	0%		1.9%
町田	現役	2	⇒	0
	浪人	1		2
	現浪計	3		2
	占有率	1.3%		0.8%
国分寺	現役	5	⇒	2
	浪人	5		2
	現浪計	10		4
	占有率	3.1%		1.3%
特別推進校計	現役	10	⇒	12
	浪人	8		10
	現浪計	18		22
	占有率	1.3%		1.5%

表2

国公立大合格数と占有率の推移

学校名	区分	06年	⇒	11年
日比谷	現役	90	⇒	105
	浪人	36		61
	現浪計	126		166
	占有率	39%		52%
戸山	現役	72	⇒	81
	浪人	60		50
	現浪計	132		131
	占有率	41%		41%
西	現役	81	⇒	85
	浪人	46		101
	現浪計	127		186
	占有率	40%		58%
八王子東	現役	103	⇒	78
	浪人	47		68
	現浪計	150		146
	占有率	47%		46%
青山	現役	44	⇒	66
	浪人	29		28
	現浪計	73		94
	占有率	26%		34%
立川	現役	71	⇒	84
	浪人	42		46
	現浪計	113		130
	占有率	35%		41%
国立	現役	102	⇒	115
	浪人	57		80
	現浪計	159		195
	占有率	50%		61%
進学重点校計	現役	563	⇒	614
	浪人	317		434
	現浪計	880		1048
	占有率	40%		48%
学校名	区分	06年	⇒	11年
小山台	現役	38	⇒	47
	浪人	10		15
	現浪計	48		62
	占有率	17%		22%
駒場	現役	30	⇒	35
	浪人	9		19
	現浪計	39		54
	占有率	14%		19%
新宿	現役	17	⇒	67
	浪人	10		7
	現浪計	27		74
	占有率	8%		23%
町田	現役	30	⇒	32
	浪人	15		11
	現浪計	45		43
	占有率	19%		18%
国分寺	現役	53	⇒	67
	浪人	24		22
	現浪計	77		89
	占有率	24%		28%
特別推進校計	現役	168	⇒	248
	浪人	68		74
	現浪計	236		322
	占有率	16%		22%

表3

早慶上智合格数と占有率の推移

学校名	区分	06年	⇒	11年
日比谷	現役	177	⇒	186
	浪人	77		106
	現浪計	254		292
	占有率	79%		91%
戸山	現役	98	⇒	56
	浪人	72		112
	現浪計	170		168
	占有率	53%		53%
西	現役	131	⇒	92
	浪人	107		172
	現浪計	238		264
	占有率	74%		83%
八王子東	現役	73	⇒	57
	浪人	76		86
	現浪計	149		143
	占有率	47%		45%
青山	現役	74	⇒	70
	浪人	57		48
	現浪計	131		118
	占有率	47%		42%
立川	現役	42	⇒	78
	浪人	39		49
	現浪計	81		127
	占有率	25%		40%
国立	現役	119	⇒	137
	浪人	102		101
	現浪計	221		238
	占有率	69%		74%
進学重点校計	現役	714	⇒	676
	浪人	530		674
	現浪計	1244		1350
	占有率	57%		61%
学校名	区分	06年	⇒	11年
小山台	現役	53	⇒	60
	浪人	24		11
	現浪計	77		71
	占有率	28%		25%
駒場	現役	37	⇒	35
	浪人	25		31
	現浪計	62		66
	占有率	19%		24%
新宿	現役	17	⇒	58
	浪人	10		32
	現浪計	27		90
	占有率	8%		28%
町田	現役	26	⇒	17
	浪人	24		16
	現浪計	50		33
	占有率	21%		14%
国分寺	現役	62	⇒	62
	浪人	39		19
	現浪計	101		81
	占有率	32%		25%
特別推進校計	現役	195	⇒	232
	浪人	122		109
	現浪計	317		341
	占有率	22%		24%

（占有率=現浪計合格数÷普通科学年定員）

高校入試の基礎知識

学校選択のポイントを知って自分に合った学校を選ぼう

そろそろ学校選びも本格的な作業に入っていることでしょう。まずは国立、公立、私立高校の違いを知り、その校風の違いも調べましょう。普通科だけでなく専門的な職業系高校から大学をめざす選択肢もあります。学校には男子校、女子校、共学校という違いもありますので、自分が合っている学校を選ぶことが大切です。

BASIC LECTURE

■国立高校はどこも難関

国立の高校は、国立大学の附属高校として、教育学に関する研究・実験に協力する「教育実験校」として設立されています。

募集人員も少数で、入試の難易度、合格の基準も高く、学力レベルが非常に高いのが特徴です。

確認しておきたいことは、あくまで「教育実験校」であるため、授業の形態やカリキュラムが、必ずしも大学受験向きに組まれているわけではないことです。

系列の国立大学の入学に関しても、他校より有利になるということはありません。他高の受験生と同一の条件でセンター試験に臨むことになるのです。

ただ、授業の内容も質が高く、学力レベルが高く維持されているため、大学合格実績は非常に高いものとなっています。

学費の面からみると、もともと公立高校よりわずかに高い程度でしたが、２０１０年度からは、公立高校授業料無償化額と同等の年間11万８８００円の高等学校等就学支援金が支給されていますので、負担は大きく軽減されています。

■個性豊かな私立高校

私立高校は、団体などが設立した学校法人が運営にあたっています。それぞれの教育理念に基づいた独自の教育が行われていることから、私立高校の特徴は校風・教育方針がさまざまなことであり、個性豊かな学校が多いと言えます。

私立高校の入学試験は、都県によって呼び方が違いますが、入試では筆記による学力試験、面接、作文などが行われます。

公立高校とは異なり調査書はあまり重視されず、参考程度にとどめられています。

私立高校の入試で一番ウエイトが高いのは学力試験です。従来は推薦入試という認識であった前期入試でも、適性検査という形で筆記試験を課す学校が増えています。この傾向は公立高校でも同じです。

学力試験の教科数は、国語・数学・英語の3教科という学校が多くなります。

この3教科が得意で、理科・社会が苦手という受験生は、私立高校の受験に向いているともいえます。

私立高校にもいくつかタイプがあり、大学への進学校として受験に役立つカリキュラムを優先的に組む高校、併設の大学や短大に優先的に進学できる大学附属校、就職に有利な専門課程を持つ高校（職業系高校）などがあります。

　また、普通科でも近年、さまざまなコースを新設する学校が増えており、カリキュラムも多様化しています。

　首都圏の私立高校入試は地域によって事情が違ううえ、各校の入試もさまざまなコースがあり、入試も複数回行われるため、わかりにくいものになっていますので注意が必要です。

　多様化しているコース名ですが、「成績のいい生徒向けのコース」と「普通の学力の生徒向けのコース」といった色づけをできるだけ薄くしたいということが、その背景となっています。カタカナでのネーミングが多くなったのも、その現れです。普通科では、どのコースでも大学進学はめざせます。そのことを前提として学校を探しましょう。

　施設・設備面では、私立高校は国公立校に比べて充実しているところが多く、特別教室や食堂、体育施設などのほかに校外に研修施設を持つ学校も多くあります。なかには海外に研修施設を備え、修学旅行を兼ねて利用している学校もあります。

　このように私立高校では、個性的でユニークな教育が受けられると言っていいでしょう。

　ただ、3年間にかかる費用は、国立高校の項で触れた「高等学校等就学支援金」が同様に支給されていますが、学費は国立・公立に比べて、どうしても高くなります。積み立てる研修旅行費用なども、内容が充実しているぶん、割高となっている面は否めません。

■大学附属高校のメリット

　大学附属高校とは、大学や短大が併設された高校で、高校卒業後、推薦などで併設大学・短大へ進学できる私立高校のことです。

　前述したように国立大学の附属高校には、このような特典はありません。

　では、私立大学の附属高校を選ぶ場合のチェックポイントをあげてみます。

　系列大学がある私立高校の場合は、高校在学中の成績や内部試験で、一般受験の生徒より有利に系列大学に進学できることができます。行きたい大学が、いまからはっきりとしているのならば、系列大学がある「大学附属高校」を選ぶのが早道かもしれません。

　まず、系列大学へは、推薦や内部試験によってどのくらいの人数が進学できるのかを調べましょう。

　早稲田実業（東京）などのように、ほぼ全員が早大に進学できる学校もあれば、全体の2割程度しか系列大学に進学できない学校もあります。

　また、進学する系列の大学や短大に、自分が志望している学部や学科があるかどうかも、重要なチェックポイントと言えます。

　志望する高校の募集人員にも目を配りましょう。大学附属校は併設の小学校や中学校を持つケースが多々あります。この場合、「内部進学」と言って、かなりの人数が中学校から高校に進学していきます。このため、高校での募集人員が少なくなり、入試での倍率も高くなってしまうからです。

　卒業後に大学・短大進学を考えていて、希望する分野の学部・学科がある大学の附属高校は、受験生にとって大きな魅力と言えます。

　また、大学進学時に入試がないので、さまざまな行事や部活動に力を傾注した高校生活を送ることができるのも大学附属校のメリットの1つです。

■可能性秘める公立高校

　公立高校は都道府県、市町村といった地方自治体によって設立、運営されている高校のことです。普通科のほかに専門学科（理数科・外国語科・商業科・工業科・農業科など）があります。

　普通科の公立高校では、多くの場合、2年次・3年次で文系・理系のクラス分けを行ったり、進路の希望に沿った学習ができるように選択科目を設定しています（後述）。

　公立高校は、私立・国立に比べて学費負担が少なくなります。校則が比較的緩やかだったり、制服がなかったりする学校もあり、自由な学園生活に魅力を感じる生徒もいます。

　ただ、そのぶん、しっかりと自分を律することができないと、怠《たい》惰《だ》な高校生活を送る危険性もあると言えます。

　特定の分野（たとえば商・工業系や看護系）への進路をすでに希望していて、それが明確な場合には、職業系高校に進んだ方が、その後に進む道に有利なこともあります。

　職業系高校には、理数系、外国語系、工業系、商業系、農業系、看護系などたくさんの専門課程があります。また、普通科のなかにも外国語系、福祉系、体育系など、さまざまなコースが設けられている学校がありますので注目しましょう。

　これらの学科・コースでは、普通科目のほかに専門科目を多く学び、実習や実技を多くすることによって、専門的な知識・技術を身につけることができます。かつては、職業系高校や学科、コースは、就職を前提に考える場合が多かったのですが、現在はこのような高校生活を経て、大学進学をめざす例も多くなっています。

　とくに工業大学や外国語系の大学、看護大学などへは、1つのルートとして確立されてきた感もあります。

　ただ逆に、職業系高校や職業科から一般の学部、学科を学ぶ大学に進むには、受験科目の学習時間で不利な面があります。

　普通科、職業科ともに3年間に学ぶ総単位数はあまり変わらないのですが、職業科は専門科目の占める割合が3分の1から半分近くとなっているからです。

　こうした不利な点をなくそうと、最近では大学入試で職業科の専門科目を受験科目に選べる大学も増えてきています。それでも、将来、自分がつきたい職業の分野がはっきり決まっていない場合には、やはり普通科を選んだ方が無難といえます。

■校風を知るのがポイント

　では、実際に高校を選ぶときには、どのような点に注意したらよいのかを、以下にまとめました。

◇

①最近の卒業学年の大学進学率（%）はどのくらいか。
②国・公立・私立大学への進学割合はどのくらいか。
③大学進学者の現役・過年度生（浪人）の割合はどのくらいか。
④大学、学部・学科への進学に偏りはないか。
⑤自分が考えている進路に適した大学への進学実績はあるか。
⑥大学への進学・合格実績が上昇傾向にあるか。

◇

　大学進学を考えた場合、これらの点に注意して学校を調べ、自分と学校との相性を探っていくとよいでしょう。

　さて、まず校風というものに注目してみましょう。

　都立や県立のいわゆる公立高校でも、どこも同じような校風と思われがちですが、各校それぞれにカラーがあります。まして私立高校はその成り立ちがさまざまで、これもそれぞれに校風や学校文化を持っています。

　公立高校は教育の中立性、公共性を保つことが特徴ですが、それでも各校ごとに独自の歴史や教育方針があり、それに基づいて、その学校の特色、カラーが色濃く反映されて校風となっています。とくに最近は、都や県の教育委員会自体が、各校に独自色を打ち出すように指導もしています。

　自主自立をうたい生徒の自主性を尊重する学校、国際理解教育に重点をおき外国語教育を重視する学校、生徒の奉仕活動を推し進める学校、部活動が盛んな学校、柔道や剣道が必修の学校、地域とのコミュニケーションを大切にする学校など、さまざまです。

　私立高校は、学校の裁量で教育に独自性が認められているため、創立者や設立団体の主義に基づいた教育を進めることができます。宗教行事を行う学校もありますが、宗教を押しつけるようなことはありません。

　大学の附属高校では、進学面での時間的余裕から受験教育に走らず、校風もカリキュラムもゆとりのあるものとなっています。

　このような特色は、公立、私立を問わず各校の伝統として受け継がれます。在校生や卒業生から話を聞く機会があれば、より具体的に知ることができるでしょう。

■共学校、男子校、女子校？

　男女共学の都立高校のように、全国的にも高校は共学校が多くなっていますが、埼玉や千葉の公立高校には男子校、女子校もあります。

　私立高校では、もちろん共学校も多いのですが、男子校、女子校もたくさんあります。

　また、神奈川の桐蔭学園、桐光学園などは同じ敷地内に男子・女子が在籍していますが、ほとんどの授業、行事、部活動は男女別に行われます。これらは別学校や併学校と呼ばれています。

　職業系高校もかつては、工業高校には男子が、商業高校には女子が、といったイメージがありましたが、最近では工業系の高校に女子が、家政関係の高校に男子が入学するケースも珍しくなくなっています。社会のなかで男女差がなくなってきたのに呼応して、高校選びの過程でも男女のこだわりがなくなってきているのです。

男子校には旧制中学からの流れを汲み、歴史と伝統を持つ学校が多くあります。生徒が学校行事、部活動などに青春時代の若い力を発揮していくスタイルも特徴のひとつといえます。

女子校では、「国際性、自主性」を重視し、将来国際的な舞台で力を発揮できる女性を育成する、といったような教育理念で、新機軸を打ち出す学校も多くなってきました。

このように共学校、男女別校にはそれぞれ長所がありますが、これは自分に合っている学校を選ぶうえで大事な要素になります。

■学習内容も調べよう

公立校と私立校、普通科と職業科といった区別はあっても、高校で学ぶ総単位数に大きな差はありません。

しかし、学習指導の方法やカリキュラムの組み方は、学校によってさまざまです。

同じ公立高校の普通科であっても、外国語学習に重点をおく高校では第二外国語としてフランス語や韓国語、中国語を学べる学校もあります。私立だけでなく、公立高校でも、大学との高大連携を推進する学校が出てきました。

私立高校では、大学の講義受講や、検定資格の取得を推進したり、ボランティア活動など課外での学習を単位として認定する学校もあります。

授業の進め方も、主要科目では少人数のクラスに分け、習熟度別のクラス編成を行う学校が多くなっています。

外国人講師がオーラルコミュニケーションの授業を行う学校は、公私を問わず多くなっています。

職業高校の場合は、普通科目に加えて専門科目の占める割合が3分の1から半分近くになるため、さらに独自性が打ち出されます。

多くの高校では、3年次、なかには2年次から選択科目が設けられています。これは決められた枠のなかで、進路の希望や興味・関心・適性に応じて必修選択するものです。

当然のことながら、選択科目の組み合わせ方によってカリキュラムは大きく変わってきます。

そうなると、志望する大学によって、その組み合わせ方が重要になってきます。「楽だから…」と選択科目を少なくしてしまう生徒もいますが、大学を受験する段階になって受験するために必要な科目を取っていなかったと青ざめる例もあるようです。

最近では公立高校のなかでも学年の枠を越えて、自らの興味や将来の希望にあわせて自由に科目を選択できる高校（単位制など）もめだってきました。

志望する高校がどんな学習指導の目標を持ち、どのようなカリキュラムとしているのか、選択科目の実態もチェックして、自分に合う学校を探しましょう。

サクセス広場

お便りコーナー

大切にしているもの

自分の志望校に通っている先輩からもらったお守り。模擬試験を受けるときにこれを持っているとすごく落ち着く。（中3・DDさん）

自分が大切にしているものは**おじいちゃんの髪の毛**です（とても薄いので）（中3・桜木花道さん）

ぼくの大切にしているモノは**グローブ**です。ぼくは野球をやっていましたが、怪我のせいで野球ができなくなってしまいました。最後に買ったピッチャー用のグローブ、とても気に入っていました(^_^)v（中3・晴れた空さん）

私が大切にしているものは中1のときに国語の**中間テストで100点満点を取ったときの解答**。なんだかもったいなくて捨てられない…。（中3・その後100点なしさん）

誕生日に友達のKちゃんからもらったバースデーカードです。ホントにうれしくて涙が出ちゃった。Kちゃんこれからもずっと仲良くしようね。（中3・春菜さん）

私の好きな芸能人

ぼくは**AKB48の前田敦子**さんが好きです。ドラマで見たときにぼくの好きな人にそっくりだったからです。（中2・たけるんるんさん）

二宮和也さん。だれにでも明るくふるまいながら、その場のムードを和ませる、名前どおりの性格が好きです。また、演技力にも優れ、ドラマや映画で活躍する姿は見ている人を幸せにするような気がします。（?年・S・Hさん）

ぼくの好きな芸能人は**松嶋菜々子**さんです。とてもキレイな人で憧れます。あんな人と結婚したいと思いました。（中2・Y・Kさん）

いきものがかりが大好きです！　**吉岡聖恵**ちゃんの元気な歌声で、落ち込んだときに聞くとすごく励まされます。（中3・給食委員さん）

芦田愛菜ちゃんが可愛くて大好きです。**マルモリダンスも覚えました！**　あんな妹が欲しかったです。（中2・マルモさん）

秋の思い出

秋といえば、小学生のころのキャンプを思い出します。みんなで**落ち葉を集めて焼き芋を作って食べました**。すごくおいしかった～！！　またやりたいです。（中2・雪さん）

去年の秋、私は**文化祭の実行委員をしました**。毎日最終下校まで残って作業をしていました。力仕事も多々あり大変でしたが、私にとって特別な文化祭となりました。（中2・スヌーさん）

去年、家族旅行で行った**京都の紅葉**がとってもキレイで最高でした。日本に住んでてよかったな～って思いました。（中3・紅葉おろしさん）

栗ごはん。必ず毎年おばあちゃん家から、栗が届きます。秋になると、美味しい栗ごはんが食べられるので楽しみです。（中2・K・Sさん）

【募集中のテーマ】

『これが欲しい、クリスマスプレゼント!』
今年のプレゼントはなに？

『高校行ったら○○がしたい!』
どんな高校生になりたいですか？

『校内のお気に入りスポット!』
学校で一番好きなところは？

応募〆切 2011年11月15日必着

必須記入事項
A、テーマ、その理由
B、住所
C、氏名
D、学年
E、ご意見、ご感想など

ハガキ、FAX、メールを下記までどしどしお寄せください！
住所・氏名は正しく書いてください!!
ペンネームは氏名のうしろに（ ）で書いてネ！
【例】サク山太郎（サクちゃん）

101-0047　東京都千代田区内神田2-4-2
グローバル教育出版　サクセス編集室
FAX：03-3253-5945
e-mail:gokaku@g-ap.com

掲載にあたり一部文章を整理することもございます。
個人情報については、図書カードのお届けにのみ使用し、その他の目的では使用いたしません。

掲載されたかたには抽選で図書カードをお届けします！

success15

ケータイから上のQRコードを読み取り、メールすることもできます。

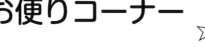

ご提案型の教育旅行会社って？

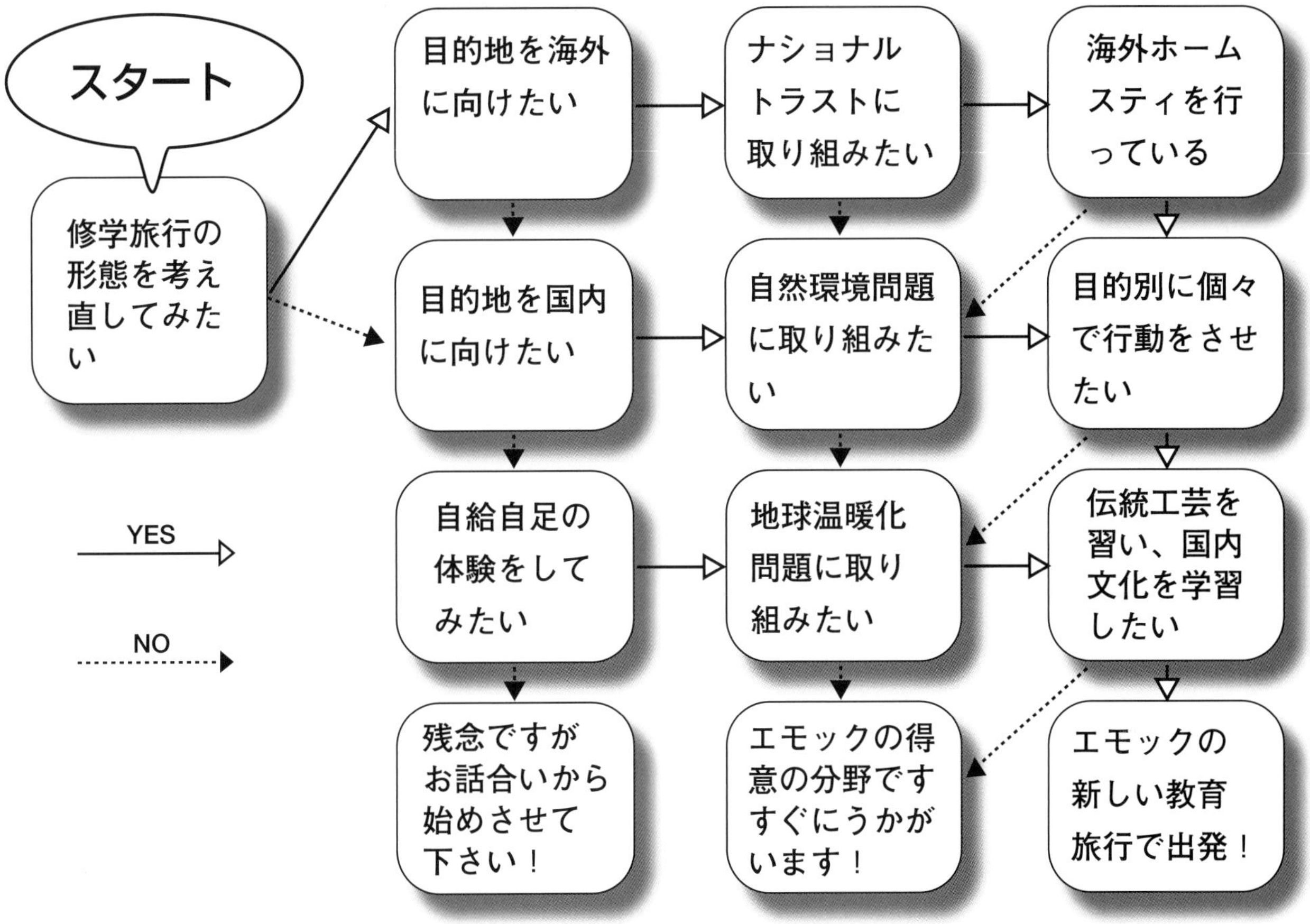
スタート
修学旅行の形態を考え直してみたい
目的地を海外に向けたい
ナショナルトラストに取り組みたい
海外ホームスティを行っている
目的地を国内に向けたい
自然環境問題に取り組みたい
目的別に個々で行動をさせたい
自給自足の体験をしてみたい
地球温暖化問題に取り組みたい
伝統工芸を習い、国内文化を学習したい
残念ですがお話合いから始めさせて下さい！
エモックの得意の分野ですすぐにうかがいます！
エモックの新しい教育旅行で出発！
YES
NO

従来の名所旧跡を訪ねる修学旅行から、最近ではさまざまなテーマを生徒個々または小グループごとにコンセプトメークしひとつの社会貢献の一環として、位置づける学習旅行へと形態移行しつつあります。

小社では国内及び海外の各種特殊業界視察旅行を長年の経験と実績で培い、これらのノウハウを学校教育の現場で取り入れていただき、保護者、先生、生徒と一体化した旅行づくりを行っております。

一例

- ●海、山、川の動物、小動物の生態系研究
- ●春の田植えと秋の収穫体験、自給自足のキャンプ
- ●生ごみ処理、生活廃水、産業廃棄物、地球温暖化などの環境問題研究
- ●ナショナルトラスト（環境保全施設、自然環境、道の駅、ウォーキング）
- ●語学研修（ホームスティ、ドミトリー、チューター付研修）など

[取扱旅行代理店]　**（株）エモック・エンタープライズ**

担当：山本／半田

国土交通大臣登録旅行業第1144号　日本旅行業協会正会員（JATA）
東京都港区西新橋1-19-3　第２双葉ビル２階　☎ 03-3507-9777（代）
E-mail:amok-enterprise@amok.co.jp　URL:http://www.amok.co.jp/

● 暁星国際高等学校

【問題】

点P，Qは原点から同時に出発して

点Pはx軸上を毎秒2

点Qはy軸上を毎秒1

で進んでいるものとする。このとき、次の問いに答えよ。

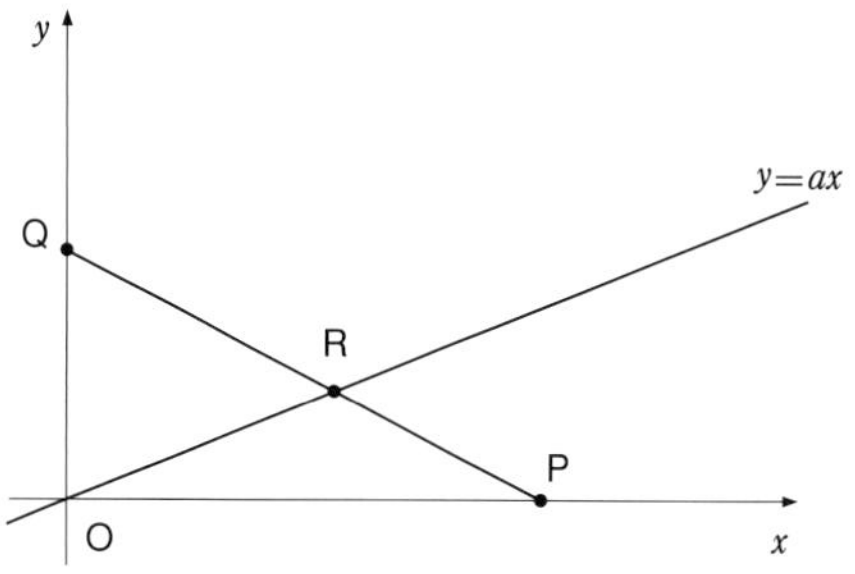

（1）△ＯＰＱの面積が4となるのは、２点Ｐ，Ｑが原点を出発してから何秒後か。

（2）直線$y=ax$は線分ＰＱと点Ｒで交わっている。点Ｐ，Ｑが原点を出発してからt秒後△ＯＲＱ：△ＯＲＰ＝３：１となるとき、点Ｒの座標をtを用いて表せ。

（3）（2）のときのaの値を求めよ。

解：（1）2秒後　（2）R $\left(\frac{3}{2}t, \frac{1}{4}t\right)$　（3）$a=\frac{1}{6}$

千葉県木更津市矢那1083
JR内房線「木更津」スクールバス
TEL：0438-52-3291
http://www.gis.ac.jp/

学校説明会
10月29日（土）13：00〜15：30
11月26日（土）13：00〜15：30
12月10日（土）13：00〜15：30
1月7日（土）13：00〜15：30

● 國學院高等学校

【問題】

右図のように，放物線$y=\frac{1}{2}x^2$とx軸に平行な線分ＡＢがある。ただし，点Ａの座標は（0，8）で，点Ｂは放物線上でx座標は正である。このとき，次の各問に答えなさい。

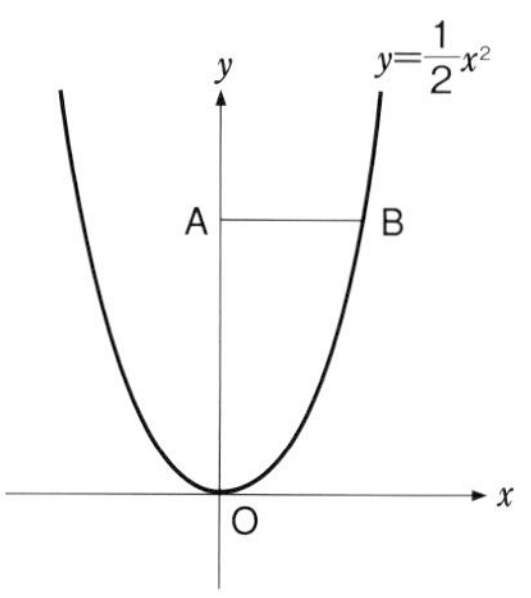

（1）点Ｂの座標を求めなさい。

（2）放物線上に２点Ｃ，Ｄをとり，四角形ＡＢＣＤが平行四辺形になるようにする。この平行四辺形ＡＢＣＤの面積を求めなさい。

（3）（2）の平行四辺形ＡＢＣＤの面積を，直線$y=ax$が２等分するとき，aの値を求めなさい。

解：（1）B（4，8）（2）24　（3）$a=5$

東京都渋谷区神宮前2-2-3
地下鉄銀座線「外苑前」徒歩5分、JR総武線「信濃町」・「千駄ヶ谷」・都営大江戸線「国立競技場前」徒歩13分
TEL：03-3403-2331
http://www.kokugakuin.ed.jp/

学校説明会 ※予約不要
10月22日（土）14：00〜
11月5日（土）14：00〜
11月19日（土）14：00〜
11月26日（土）14：00〜

● 駒込高等学校

東京都文京区千駄木5-6-25
地下鉄南北線「本駒込」徒歩5分、地下鉄千代田線「千駄木」徒歩7分、都営三田線「白山」徒歩7分
TEL：03-3828-4366
http://www.komagome.ed.jp/

学校説明会
10月22日（土）14：00～15：30
11月19日（土）14：00～15：30
12月3日（土）14：00～15：30
1月10日（火）14：00～15：30

個別相談会
11月23日（祝）9：00～16：00
12月10日（土）9：00～16：00

【問題】

日本語の意味になるように、下線部の下の語（句）からそれぞれ1つずつ入れて、英文を完成し、ア～コに入る語（句）を番号で答えなさい。ただし、語群には余分な選択肢が1つずつ含まれています。

1．あなたに話さなければならないことが1つあります。
There ______ ______ __ア__ ______ ______ __イ__ ______ ______.
1. you　2. I　3. one　4. to　5. must　6. is　7. have　8. tell　9. thing

2．あの山の頂上は、雪でおおわれています。
The ______ ______ ______ __ウ__ ______ ______ __エ__ ______.
1. snow　2. is　3. with　4. by　5. of　6. covered　7. mountain　8. top　9. that

3．私の妹はいつも寝る前に本を読んでとねだります。
My little sister ______ __オ__ ______ ______ ______ __カ__ ______ ______ to bed.
1. she　2. me　3. a book　4. goes　5. asks　6. reading　7. to read　8. always　9. before

4．彼は今週末の海水浴を楽しみにしています。
He ______ __キ__ ______ ______ __ク__ ______ ______ ______.
1. swim　2. looking　3. in　4. to　5. this weekend　6. forward　7. the sea　8. is　9. swimming

5．大きな帽子をかぶっている少女が、私たちの前に座りました。
A girl ______ __ケ__ ______ ______ ______ ______ __コ__ ______ front of us.
1. sat　2. was　3. big　4. in　5. who　6. a　7. hat　8.wearing　9. wore

解：1. ア：9 イ：4　2. ウ：7 エ：3　3. オ：5 カ：9　4. キ：2 ク：9　5. ケ：2 コ：1

私立高校の入試問題に挑戦!!

● 日本大学藤沢高等学校

神奈川県藤沢市亀井野1866
小田急江ノ島線「六会日大前」徒歩8分
TEL：0466-81-0123
http://www.fujisawa.hs.nihon-u.ac.jp/

学校説明会 ※予約不要
場所：日本大学生物資源科学部体育館
10月29日（土）14：00～15：00
11月5日（土）14：00～15：00
11月26日（土）14：00～15：00

【問題】

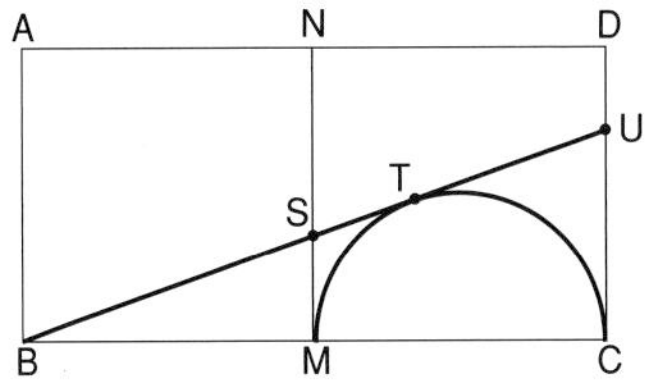

図のように，AB＝6cm，BC＝12cmの長方形ABCDにおいて，辺BCの中点をM，辺ADの中点をNとおき，長方形の内部にMCを直径とする半円を考える。

Bから半円に接線を引き，MNと交わる点をS，半円との接点をT，CDと交わる点をUとする。

このとき，次の$\boxed{1}$～$\boxed{11}$にあてはまる数をマークしなさい。

（1）BTの長さは$\boxed{1}\sqrt{\boxed{2}}$cmである。

（2）MSの長さは$\dfrac{\boxed{3}\sqrt{\boxed{4}}}{\boxed{5}}$cmである。

（3）TUの長さは$\boxed{6}\sqrt{\boxed{7}}$cmである。

（4）MT：TCは$\boxed{8}：\sqrt{\boxed{9}}$である。

（5）△MTCの面積は$\boxed{10}\sqrt{\boxed{11}}$cm²である。

解：（1）$\boxed{1}$=6 $\boxed{2}$=2　（2）$\boxed{3}$=3 $\boxed{4}$=2 $\boxed{5}$=2　（3）$\boxed{6}$=3 $\boxed{7}$=2　（4）$\boxed{8}$=1 $\boxed{9}$=2　（5）$\boxed{10}$=6 $\boxed{11}$=2

中学生のための学習パズル

問題

Q おにぎり探偵団

今回は、おにぎりの中身と並び順を推理するパズルです。

☆はどれか１つのおにぎりが、中身の種類は合っているけれども位置が違っていることを表しています。また、★はどれか１つが中身も位置も正しいことを表しています。

右の例では、①、②より３つのおにぎりは、左から梅干し、鮭、たらこの順で並んでいることがわかります。

例を参考にして、下の４つのおにぎりの中身と並び順を当ててください。

ただし、おにぎりの中身は、ツナマヨ・鮭・梅干し・たらこ・おかか・昆布・高菜・明太子のどれかで、おにぎりの種類はすべて違っています。

【例】

	?	?	?	
①	梅干し	ツナマヨ	たらこ	★★
②	ツナマヨ	鮭	梅干し	★☆

正解は ⬇

梅干し	鮭	たらこ

	?	?	?	?	
①	梅干し	ツナマヨ	鮭	おかか	☆☆☆
②	昆布	梅干し	ツナマヨ	鮭	★★
③	高菜	梅干し	おかか	ツナマヨ	★☆
④	ツナマヨ	鮭	梅干し	たらこ	☆☆

➡

応募方法

★必須記入事項

01.クイズの答え
02.住所
03.氏名（フリガナ）
04.学年
05.年齢
06.アンケート解答

◎すべての項目にお答えのうえ、ご応募ください。
◎ハガキ・FAX・e-mailのいずれかでご応募ください。
◎正解者のなかから抽選で3名のかたに図書カードをプレゼントいたします。
◎当選者の発表は本誌2012年1月号誌上の予定です。

★下記のアンケートにお答えください

A.今月号でおもしろかった記事とその理由
B.今後、特集してほしい企画
C.今後、取りあげてほしい高校など
D.その他、本誌をお読みになっての感想

◆2011年11月15日（当日消印有効）

◆あて先
〒101-0047　東京都千代田区内神田2-4-2
グローバル教育出版　サクセス編集室
FAX:03-3253-5945
e-mail:gokaku@g-ap.com

9月号の答え

Q 「力」のつく漢字パズル　A 他力本願

問題

「読解力」、「判断力」などのように、「○○力」という三文字熟語を集めてみました。それぞれのヒントを参考に、リストの漢字を○にあてはめて 16 個の「○○力」を完成させてください。最後に、リストに残った 3 つの漢字に「力」を加えた 4 文字でできる四字熟語を答えてください。

① ○○力 （すぐに第一線で活躍できる）
② ○○力 （あれこれ迷わず、ずばっと）
③ ○○力 （頭のなかにイメージを思い描く）
④ ○○力 （散漫だとミスが出ます）
⑤ ○○力 （氷の上がよくすべるのは、これが少ないため）
⑥ ○○力 （巨大なエネルギーを生み出すゆえに制御も難しい）
⑦ ○○力 （長距離ランナーにはこれが必要）
⑧ ○○力 （短距離ランナーにはこれが必要）
⑨ ○○力 （状況に応じてすばやく活動できる）
⑩ ○○力 （テレパシーや念力など）
⑪ ○○力 （物事を打ち壊す）
⑫ ○○力 （よく雑草やゴキブリなどで例えられる）
⑬ ○○力 （他人の真似をせず、自分 1 人の考えで創り出す）
⑭ ○○力 （水の入ったバケツを大きく 1 回転させても、水が落ちないのは…）
⑮ ○○力 （まったくやる気なし）
⑯ ○○力 （目標や計画を立てたら、きちんとそれを行う）

【リスト】

意	遠	壊	願
機	気	久	決
原	行	擦	子
持	実	瞬	心
生	戦	創	想
像	即	他	断
注	超	動	独
能	破	発	本
摩	無	命	

解説

①～⑯の熟語は下の通りですから、リストには「他」「本」「願」の 3 つの漢字が残ります。

① 即戦力	② 決断力	③ 想像力	④ 注意力
⑤ 摩擦力	⑥ 原子力	⑦ 持久力	⑧ 瞬発力
⑨ 機動力	⑩ 超能力	⑪ 破壊力	⑫ 生命力
⑬ 独創力	⑭ 遠心力	⑮ 無気力	⑯ 実行力

「他力本願」とは、元々仏教用語で、「自らの修行の功徳によって悟りを得るのでなく、阿弥陀仏の本願（衆生《しゅじょう》を救おうとして立てた誓い）によって救済されること」という意味です。そこから転じて、「自分では努力せず、もっぱら他人の力をあてにすること。人任せ」という意味となり、「他力本願ではなく、自力で解決しなさい」などと使われることが多いですね。

勉強においても、自分の努力で結果を出せたときは、喜びも大きく、自信もついて、さらに頑張ろうという気持ちも起こってきます。

けれども、自分の力ではどうしても解けない問題にぶつかるときもあります。このようなときは、素直に先生に質問し、時間を置かずに解決することが最も大切です。自分より力のある人から、積極的に吸収し力をつけていくという、いい意味での「他力本願」で勉強に取り組んでいきませんか。

9月号学習パズル当選者（全正解者211名）

★北元　志歩さん（神奈川県川崎市／中2）
★向井　哲くん（東京都世田谷区／中1）
★大足　梨紗さん（千葉県八千代市／中3）

大学受験も 早稲田アカデミー SUCCESS18

キミの本気をカタチにする。

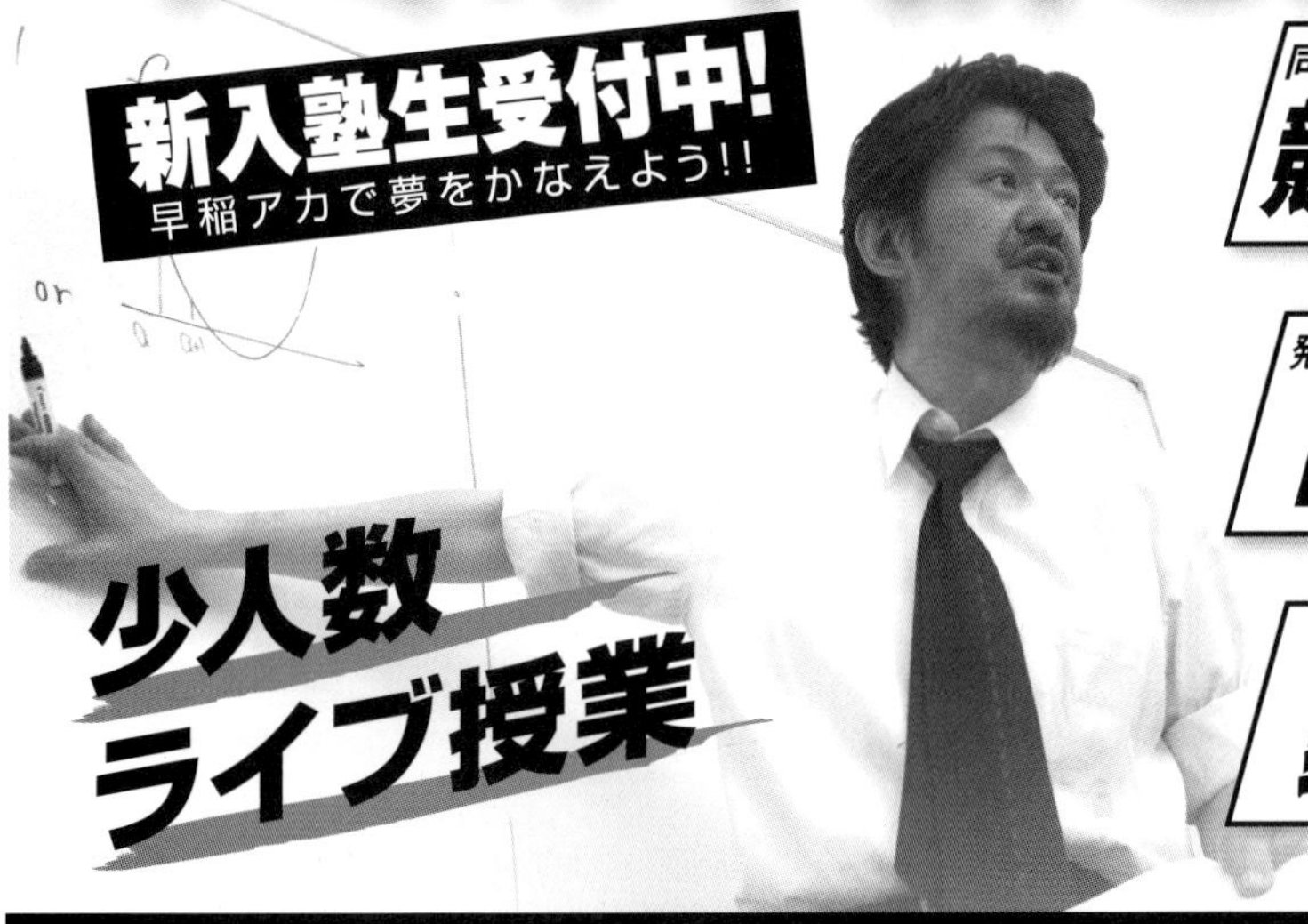

新入塾生受付中!
早稲アカで夢をかなえよう!!

少人数 ライブ授業

同じ目標を持つライバルと
競い合う

サクセス18は、学力別・志望校別のクラス編成。このこと
は、自分の目標にぴったり当てはまる授業を選択できるだ
でなく、同じ目標を持つ友人と、「同じ志を持つ仲間として、
また、時にはライバルとして競争を楽しむ。」ことによって互い
の合格力を高めるために非常に有効です。

発問と応答で発想力と思考力を
高める

高い学力とは、習ったことを記憶するだけでなく、「その場で
習ったことを組み合わせ、答を導いていくことができる。知識や
文章から自分の意見を表現できる。」能力のことです。早稲田
アカデミーは、少人数・対面授業。教室での発問とその場での
応答という、双方向のやり取りによって発想力・思考力を高め
ます。

演習によって解答力を
鍛える

夢・憧れの大学に合格するには「解答力」が不可欠です。講義
で理解した内容を演習によって自力で解答し、その場で講師のア
ドバイスを受け、試験によって理解・定着の度合いを把握し、次へ
向けての目標を定めることで解答力を鍛えます。

東大合格への最短経路。日曜集中東大対策！　「5年で東大合格者が1名〔2006年〕→93名〔2011年〕に激増!!

高3生対象

東大必勝講座

受付中!!

少人数制・万全の記述対策・ドラゴン桜の英語講師モデル 竹岡先生・大学への数学 長岡先生出講中！

実施日	第二期　［第3ターム］12/4・11・18 第三期　［第1ターム］1/21・22・28・29 ［第2ターム］2/4・5・11・12
時間帯	8：30〜17：45（4コマ／日）　選抜制
授業料	30,000円／月
入塾金	10,500円（基本コース生は不要）
会場	文系▶サクセス18池袋校 理系▶サクセス18渋谷校
受講資格	模試または選抜試験の成績にて判断します。

圧倒的な合格率！

東大受験者全体の合格率 30.8%

東大必勝講座受講生からの東大合格率 53.9%

※2011年前期入試における合格率です。

竹岡先生 長岡先生の授業が ライブで受けられる!!

数学特別講師
長岡 亮介
東大受験者のバイブル
「大学への数学」著者

英語特別講師
竹岡 広信
漫画ドラゴン桜の英語講師モデル
毎日WeeklyやAERA English等の
連載も大好評

高1・高2 対象
竹岡広信の東大必勝ジュニア
東大への英語
11/6日　無料
高1:10:00〜12:00
高2:13:00〜15:00

高1・高2 対象
長岡亮介の東大必勝ジュニア
東大への数学
11/13日　無料
高1:10:00〜12:00
高2:13:00〜15:00

高1・高2 対象
東大必勝ジュニア
東大への国語
11/13日　無料
高1:13:00〜15:00
高2:10:00〜12:00

高3 対象　東大必勝講座特別講義
竹岡広信の
東大必勝英語
11/23祝　無料
会場:池袋
13:00〜16:00

日曜特訓講座……8時間の集中特訓で差をつけろ

高3生対象　早慶上智志望者向け

早慶大必勝講座

選抜制

授業	2h×4コマ×3回／月
科目	文系　英・国・歴（数） 理系　英・数・物・化
授業料	30,000円／月 入塾金 10,500円（基本コース生は不要）
会場	サクセス18池袋校 サクセス18国分寺校

土曜・日曜特訓講座　GMARCH・理科大等難関大志望者向け

高3生対象

サンデーインテンシブ＆難関大必勝英語

サンデーインテンシブ（日曜実施）

授業	6h／回（生物のみ3h）
科目	日本史・世界史・物理・化学・生物
授業料	4,500円／3h　9,000円／6h
会場	サクセス18池袋校 サクセス18国分寺校

難関大必勝英語（土曜実施）

授業	3h×3回／月
授業料	13,500円／月 入塾金 10,500円（基本コース生は不要）
会場	サクセス18全校舎

医学部へ一人ひとりをナビゲート!

最難関医学部を目指すライバルだけが集う「競い合う空間」

日曜集中特訓

医学部必勝講座

11月生募集中!

高3対象　1ヶ月に3回／英語・数学・理科・国語・チェックテスト
（化学・生物・物理）

高2・高1対象　1ヶ月に1回／英語・数学・チェックテスト

最難関医学部必勝講座（選抜クラス）　**東大理Ⅲや千葉大医学部**など国公立大の上位校を狙う!

難関医学部必勝講座（オープンクラス）　**慶應大医学部・慈恵医大**など私立大上位校を狙う!

講義⇒演習⇒試験というサイクルにより、あいまいな理解から生じる些細なミスをなくし入試において高得点を狙える学力を定着させます。同時に難易度の高い入試問題を扱いながら、現役生が浪人生に比べて不利になることが無いよう、実践的な問題演習を行います。また、浪人生との実力差が大きい理科の学力を向上させることも現役合格には必要になります。現役生が短期間で学習効果を実感できるような特別カリキュラムとなっています。

高3対象：最難関医学部必勝講座／難関医学部必勝講座　タイムテーブル

	9:00～10:30	10:45～12:15	13:00～14:30	14:45～16:15	16:20～17:20	17:30～19:00
1回目	英　語	英　語	物理／生物	物理／生物	英語チェックテスト	
2回目	数　学	数　学	化　学	化　学	数学チェックテスト	センター国語
3回目	英　語	数　学	物理／生物	化　学	理科チェックテスト	

高2・高1生対象：最難関医学部必勝講座　タイムテーブル

	10:00～12:00	13:00～15:00	15:10～16:10	16:20～17:20
1回目	英　語	数　学	英語試験	数学試験

無料　説明会・選抜試験 11/23㊗

説明会▶10:00~11:00
選抜試験▶10:00~16:10
場所▶野田クルゼ現役校

医学部の入試問題は大学によって全く異なるから

志望校別対策なら 個別指導 メディカル・ウィン MEDICAL WIN 開講!

医学部受験指導20年超の講師陣
東大系ベテラン講師
担当する講師は、指導歴20年以上のベテラン講師が中心となります。医学部受験の歴史を全て知っている講師だからこそ、あなたが目指す大学への最短距離を指導できるのです。

×

過去の傾向から最新の分析まで
志望大学過去問題
テキストはあなたが目指す志望大学の過去問を徹底分析して作成します。過去の傾向を学び、研究していくことで、きっと今年の試験傾向が浮かび上がるはずです。志望校の入試問題の「特徴」を学びましょう。

×

志望校との溝を効果的に埋める
1対1個別指導
集団授業では、大学の傾向は学べても、あなたと大学の間にある溝を浮き彫りにし、埋めていくことは困難です。だからこそ、志望校対策に特化した個別指導を新たに開講しました。

×

医学部受験指導42年の伝統
大学別入試情報
医学部入試には、様々な知識や情報が必要になりますが、こういった情報は全てが公表されているわけではありません。医学部受験専門で40年以上の歴史がある野田クルゼだからこそ提供できる情報があります。

医学部の推薦・AO入試の小論文・面接対策もおまかせ下さい。

医系小論文の最重要項目を全て解説します!

医学部小論文講座

入学願書の書き方や志望理由のまとめ方なども丁寧に指導

1ヶ月3回　月曜日19:15~20:45

11/7	11/14	11/21
クローン人間	耐性菌	医の倫理

30年にわたり医学部の小論文指導を行っている杉原講師が医学部に合格する小論文の書き方から最新の医療事項の解説添削指導まで行います。なお、講座時間がご都合に合わない場合は個別指導での対応も可能です。

小論文担当・英語科主任
杉原 整講師

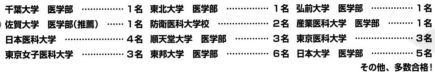

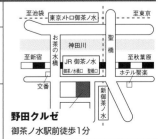

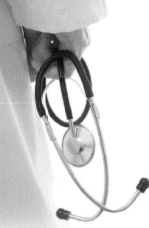

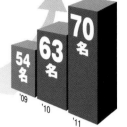

世界化学年　クイズ&スタンプラリー

国立科学博物館
9月23日(祝)～12月27日(火)(配布は11月27日(日)まで)

画像提供：国立科学博物館

世界化学年の記念に楽しく化学を学ぼう!

2011年の今年は、国際連合により「世界化学年」と定められており、それを記念して、国立科学博物館でも「未来技術遺産登録パネル展」や「世界化学年記念　化学切手展」など、楽しく化学が学べるさまざまな展覧会が企画されている。しかもそれだけじゃなく、それらの会場にクイズとスタンプが用意されており、達成度に応じてオリジナル記念グッズがもらえる。かはくで化学のすばらしさを体験しよう!

描かれた不思議　トリック&ユーモア展

エッシャー、マグリット、国芳から現代まで　横須賀美術館
9月10日(土)～11月6日(日)

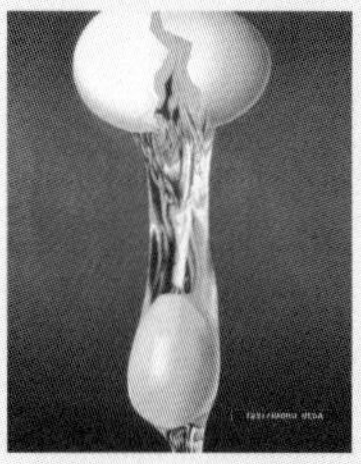

上田薫《なま玉子 Q》1981年 油彩・画布 162.0×130.5㎝
相模原市

見て楽しめるトリック&ユーモアの世界

「えっ、これどうなってるの?」そんな、見る人を惑わすような仕掛けがたっぷり入っている、見るも不思議な画が並ぶトリック&ユーモア展。古くは江戸時代から現代にいたるまで、国内外約80点におよぶ作品が紹介されている。普通の絵画では味わうことのできないユニークな世界には、これまでの固定観念を壊し、新たなものの見方や考え方の発見があるかも。だまされるのを楽しんでみよう!

サクセスイベント スケジュール

10月～11月

世間で注目のイベントを紹介。

藝大アーツ イン 東京丸の内

丸ビル
10月25日(火)～10月30日(日)

中里　勇太　東京藝術大学卒業。同大学大学院美術研究科修士課程在籍。「夜の獣」H120×W50×D280㎝、楠

丸ビルで楽しむエネルギー溢れるアート

東京芸術大学と三菱地所株式会社による、若い芸術家を支援して、街行く人たちに芸術を楽しんでもらおうという催し。芸術部門、音楽部門で「三菱地所賞」を受賞した各5名の作品展示やリサイタルが行われるほか、今年は三菱一号館美術館で開催されている「トゥールーズ=ロートレック」展にちなんだオリジナルオペラを公演されるなど、若い芸術家たちによるさまざまな講演が行われる。

第14回池袋西口公園古本まつり

池袋西口公園
10月19日(水)～10月27日(木)

古書に埋もれたお気に入りの1冊を探そう

毎年、春と秋に行われている池袋の古本まつりは、今回ですでに14回を数え、地元の人や本好きの人にとってはおなじみのイベントとなっている。今回は『子どもの本』未来への知恵袋」をテーマに特設コーナーも開設されるなど、より親しみやすい内容となっている。約50万冊もの本が集うこのイベント。探すのは大変だけど、きっと君のお気に入りの1冊が眠っているはずだ!

さくいん

＜コーナー名＞

＜本文中記事＞

From Editors

今年も残すところ3カ月を切りました。

東日本大震災や、2度の大きな台風など、大きな自然災害がいくつも日本列島を襲い、改めて日本という国が、自然の脅威といつも隣り合わせだということを実感した1年だったのではないでしょうか。こうした災害の影響がみなさんの生活にも少なからず出ているかもしれませんが、だからといって待ってはくれないのが高校受験です。これからは、入試本番までの時間をいかに有効に使えるかがますます大事になってくるでしょう。今号で取りあげた「集中力アップ法」などを参考にしながら、自分なりの集中力を高める方法を見つけて、効率的に受験勉強を進めていきましょう。 (C)

Information

『サクセス15』は全国の書店にてお買い求めいただけますが、万が一、書店店頭に見当たらない場合には、書店にてご注文いただくか、弊社販売部、もしくはホームページ（下記）よりご注文ください。送料弊社負担にてお送りいたします。

定期購読をご希望いただく場合も、上記と同様の方法でご連絡ください。

Opinion, Impression & etc

本誌をお読みになられてのご感想・ご意見・ご提言などがありましたら、ぜひ当編集室までお声をお寄せください。また、「こんな記事が読みたい」というご要望や、「こういうときはどうしたらいいの」といったご質問などもお待ちしております。今後の参考にさせていただきますので、よろしくお願いいたします。

◆サクセス編集室
TEL　03-5939-7928
FAX　03-5939-6014

高校受験ガイドブック2011 11 サクセス15

発行　2011年10月15日　初版第一刷発行
発行所　株式会社 グローバル教育出版
〒101-0047 東京都千代田区内神田2-4-2
TEL　03-3253-5944
FAX　03-3253-5945
http://success.waseda-ac.net/
e-mail　gokaku@g-ap.com
郵便振替　00130-3-779535
編集　サクセス編集室
編集協力　株式会社 早稲田アカデミー

Success15

11月号

Next Issue

12月号は…

Special 1

これでバッチリ!!

面接、作文…推薦入試対策

Special 2

楽しみながら学ぼう!!